Torakosmos

von Andreas G. Szabó

1. Auflage 10/2011
ISBN 978-3-8423-8020-2

Herstellung und Verlag:
Books on Demand GmbH, Norderstedt

Bibliografische Information der Deutschen Nationalbibliothek

Die Deutsche Nationalbibliothek verzeichnet diese Publikation in
der Deutschen Nationalbibliografie; detaillierte bibliografische
Daten sind im Internet über dnb.d-nb.de abrufbar.

Inhaltsübersicht

Planetenzyklen hinter Vers- und Wortnummern der Tora

Die Verseinteilung der Tora ist nicht willkürlich und viel älter als jene der restlichen Bibel. Darum geht es in diesem Buch und es wird von Kapitel zu Kapitel klar werden.

Die Hitomi-Methode: kodierte Bilder in der Genesis

Die 3 x 511 Verse der Genesis werden in 3 konzentrischen Ringen mit je 511 Sektoren angeordnet. Bestimmte Worte werden mit einem Punkt markiert. So ergeben sich Bilder.

Die kodierten Bilder aus der Genesis im Baum des Lebens

Jedes Hitomi-Bild gehört zu einer „Sefirot" (einem Platz) im kabbalistischen Diagramm „Baum des Lebens". Dadurch werden die Bedeutungen der Bilder und ihre Beziehungen zueinander verständlich.

Unsere Zeitrechnung ist durch die Tora festgelegt

Das durch die Tora definierte Time-Master-System verbindet den Atlantis-Mythos und den jüdischen und christlichen Kalender zu einer Einheit. Der Maya-Kalender endet nicht.

Ein heliozentrisches Welt-Bild versteckt in der Genesis

Punkte in den Hitomi-Bildern deuten in Verbindung mit dem Time-Master-System auf Jahreszahlen. Das Hitomi-Bild 231 stellt das Sonnensystem heliozentrisch zum Zeitpunkt der Jupiter-Saturn Begegnung am 1. Oktober im Jahr 7 v. Chr. dar.

Mehr Details

Noch einige Kuriositäten. Es gibt doch einen (kleinen) Bibelcode (ohne Prophetien) und Planeten lassen sich Personen aus der Genesis zuordnen.

Neuigkeiten zum Torakosmos, sowie weitere Informationen und zusätzliches Material zu diesem Buch finden Sie online auf **www.torakosmos.de.**

Kapitel 1

Planetenzyklen als Versmaß

*Und Gott sprach: Es sollen Lichter an der
Ausdehnung des Himmels sein, ... und sie seien für
Zeichen und für Zeiten und für Tage und Jahre. -
Genesis 1:14*

Die geheime Tora

Ist es legitim, in der Tora andere als die wörtlichen
Bedeutungen zu entdecken? Nach jüdischer Tradition
ganz klar: JA. Und zwar hängt das mit dem hebräischen
Akronym PaRDeS (פרדס, Paradies) zusammen.
Hebräisch schreibt man von rechts nach links: P (פ)
steht für Pschat, die wörtliche oder geschichtliche
Bedeutung und R (ר) steht für Remes, die anspielerische
Bedeutung. D (ד) steht für Drasch, die abstrakt-
interpretative Bedeutung und S (ס) schließlich für Sod,
die geheime Bedeutung. Diese Bedeutungsebenen sind
in der Praxis nicht immer klar trennbar, aber sie geben
uns Hinweise auf Möglichkeiten die wir bei der
Auslegung der Tora zur Verfügung haben.

Ein Weg, die tieferen Ebenen der Tora zu erfahren, ist
die überlieferte Kunst der *Gematria*. Das heißt, das man
aus Worten Zahlen berechnet um dadurch versteckte
Beziehungen zu finden. Dieser Weg gehört in die
Kategorie Remes (Andeutungen). Um die Gematria zu
verstehen, müssen Sie wissen, dass es im Hebräischen
keine Schriftzeichen für Zahlen gibt, sondern dass in

dieser Sprache die Buchstabenzeichen auch für Zahlen verwendet werden, z.B. A = 1. Man kann ein hebräisches Wort auch Buchstabe für Buchstabe als Zahl lesen. Dabei sind die Zahlwerte der Buchstaben immer eindeutig, den Schüssel finden Sie auf Seite 94. Um den Zahlwert eines Wortes zu erhalten, werden die Zahlwerte seiner Buchstaben, also Buchstabe + Buchstabe zur Quersumme addiert. Das Ergebnis ist der Wert des untersuchten Wortes. Ich werde diese Methode in diesem Buch noch häufig anwenden.

Die Verseinteilung der Tora ist nicht willkürlich und viel älter als jene der restlichen Bibel. Darum geht es in diesem Buch und es wird von Kapitel zu Kapitel klar werden. Ich fange ganze einfach und bezweifelbar an und steigere dann von Schritt zu Schritt das Maß der Erstaunlichkeit.

Wenn wir die Verse der Genesis von Anfang an abzählen[1], landen wir im 355. Vers bei Melchizedek. Nur dort wird er erwähnt. Melchizedek (מלכי-צדק) bedeutet „gerechter König". Aber während wir unter Gerechtigkeit heute den Einklang mit unseren Gesetzen verstehen, bezog sich der Begriff damals auf die Harmonie mit der Natur und mit ihren Zyklen. So sind 355 Tage ein gutes Mondjahr, wenn man den 12 mal wiederkehrenden Neumond mit 29,53 Tagen für jeden Zyklus berechnet. 355 ist auch der Wert von *Schanah* (שנה), dem hebräischen Wort für *Jahr*. Sind diese Zusammenhänge zwischen Melchizedek, dem 355. Vers

---

1   Die Idee, die Verse überhaupt absolut durch zu
    zählen bekam ich von Beat Stöcklin

und dem Mondjahr zufällig? Und hat es eine Bewandtnis, dass Zedek (Gerechtigkeit) der hebräische Name für den Jupiter ist?

Ein ähnliches Spiel wie mit den Versen klappt auch mit den Worten: In der hebräischen Genesis hat der Bericht über die 6 Akte der Schöpfung (Vers 1:1 bis 2:1) 365 Worte.[2] Schon im altägyptischen Kalender ab etwa 2900 v. Chr. wurde ein Sonnenjahr mit 365 Tagen berechnet. Die 365 Worte hier symbolisieren vielleicht den ganzen Zyklus der Schöpfung. Um diesen aber *gerecht* durch 6 teilen zu können, müssen wir zu 365 noch 1 hinzu fügen, also den Schöpfer - jetzt mal egal ob Mensch oder Gott - in die Natur eingreifen lassen. Auch das könnten die Autoren der Tora berücksichtigt haben, aber es ist etwas umfangreicher zu erklären und ich muss etwas ausholen:

Im 366. Vers der Genesis (15:5) sagt Gott zu Abram (vor Genesis 17 heißt Abraham noch so):

„Zähle die Sterne, wenn Du sie zählen kannst ... so [zahlreich] wird Dein Same sein. "

Das Wort „zahlreich" kommt aber im hebräischen Original nicht vor und wir können daher auch lesen: *„Zähle die Sterne, wenn Du sie zählen kannst ... so wird Dein Same [zahlreich] sein. "* Haben Sie den Unterschied bemerkt? Jetzt heißt es, dass Abram [viele] Nachkommen haben wird, *indem* oder *dadurch dass* er die Sterne zählt.

---

2   Diese Feststellung stammt von Beat Stöcklin

Die Versnummer 366 deutet für mich darauf hin, dass hier nicht bloß die Sterne an sich gezählt werden sollen, sondern auch ihre Sichtbarkeits- oder Wiederkehrzyklen, also z.B. die Tage im Jahr, wenn man es am Stand der Sterne ab ließt. Das allvierjährige Schaltjahr mit 366 Tagen wurde erstmals 238 v. Chr. mit dem Dekret des Canopus durch den ägyptischen König Ptolemäus III. Euergetes eingeführt. Aber unabhängig davon, ob es auch für die Autoren der Tora bekannt oder gar gebräuchlich war, symbolisiert das korrigierende „eins mehr" für mich wie oben schon angedeutet die Ergänzung der natürlichen Entwicklung, also den eigentlichen (r)evolutionären Fortschritt durch das „Hinzutun" des Schöpfers.

Jegliches kalendarisches Wissen stellt eine wichtige kulturelle Errungenschaft und Basis dar. Damit wird der Mensch mehr Herr seines Schicksals, indem er sich der Zeit bemächtigt und damit in die natürliche Entwicklung eingreift. Denn die genaue Zeitmessung mittels der „Großen Uhr" der Sterne und Planeten war eine Voraussetzung für die Entwicklung des Menschen zur Hochkultur: Aussaat, Ernte, Feste und Religion, Orientierung in Wüsten und Steppen sowie zu Wasser, um nur einige Punkte zu nennen. Erst unter diesen Voraussetzungen kann man unzählig viele Nachkommen haben.

Andererseits kann man statt dem Wort „zahlreich" auch „dauernd" oder „zeitreich" einsetzen: Während die Zahl der Sterne die Unendlichkeit symbolisiert, oder zumindest eine sehr hohe Zahl, verweisen ihre Zyklen auf die Zeit und damit auf die Ewigkeit oder mindestens auf eine sehr lange Zeit. Man wird nicht nur unzählig viele Nachkommen haben, sondern auch sehr lange wird es sie geben oder ewig werden sie leben.

Sicherlich zur geheimen Ebene Sod gehört die Feststellung, dass die hier gezählten Sterne insoweit eben sowenig Sterne sind, wie der erwähnte Same nur profane Dinge wie Saatgut oder Nachfahren bedeutet.

So hat der Ausdruck „die Sterne" (הכוכבים) hier den Wert 663, was durch eine Umkehr der Zahl die Wende von den äußeren Zyklen und Versen „nach innen" meinen könnte. Im Buch Sohar heißt es ganz passend: „Seit der Zeit, daß die Tora an Israel gegeben wurde, haben sich die Israeliten *zurückgezogen* von den Regeln der Sterne und ihren Konstellationen; gleichwohl, wenn jemand nicht der Tora folgt, verbleibt er im Bereich dieser natürlichen Einflüsse". Die geheime Tora beschreibt aber nicht äußere Gesetze denen man folgen muss, und nicht vergangene Realitäten der Wirklichkeit, sondern aktuelle Vorgänge und Taten in den spirituellen Welten.

Das Versmaß der Tora

Während die übrige Bibel erst im Jahre 1551 durch den Genfer Buchdrucker Robertus Stephanus in ihre Verse eingeteilt wurde, lässt sich die gegenwärtige Verseinteilung der Tora mit kleinen Abweichungen schon mindestens ab ca. 1000 nach Christus durch den original hebräischen *Codex Leningrad* nachweisen. In ihm finden wir nach jedem Vers einen Doppelpunkt. Die dem Leningradcodex ähnliche und zugleich älteste existierende Tora-Kopie ist im Codex von Aleppo (beschädigt) enthalten, welcher aus etwa 900 n. Chr. stammt. Eine frühere *mündliche* Überlieferung der Verseinteilung kann man nicht ausschließen. Die Tora wurde etwa zwischen 500 bis 200 v. Chr. abgeschlossen und ich nehme an, dass ihre Verseinteilung seit dem mündlich überliefert wurde. Doch die ältesten Teile der Tora, besonders Teile der Genesis, sind noch älter. Sie wurden so ungefähr vor 3000 Jahren verfasst. Es könnte ja sein, dass schon seit dem eine Verseinteilung geplant war.

Die Tora hat je nach Ausgabe zwischen 5844 und 5853 Verse. Der Unterschied besteht, weil manche Schreiber *ein paar* (bestimmt höchstens nur 10) Verse zusammenfassen oder trennen. Es fehlt also nie etwas. Die diesem Büchlein zugrundeliegende Version „Koren" hat 5847 Verse. Das ist in meinen Augen die beste und wahre Lösung für die Verszahl der Tora, weil nur dann ein besonderer wichtiger Vers genau in der Mitte zu liegen kommt, nämlich die Krönung des Erleuchteten (das heißt Aaron, von Or = Licht), aber dazu später mehr.

Für die Betrachtungen in diesem Kapitel ist es fast unerheblich, *welche* Verse der Tora getrennt oder zusammengefasst sind, bzw. befinden sich die Unterschiede - vielleicht mit Ausnahme beim Leningradcodex - sowieso nur weit hinter dem Bereich der hier untersucht wurde. Im Kapitel 2 geht es dann nur um die Genesis, dem 1. Buch der Tora, wobei dann nicht mehr so sehr die Verseinteilung zählt, sondern die Zahlwerte der Worte. Aber das erkläre ich dort noch genau.

Das Geheimnis von Genesis 17

Wie oben erklärt, gibt es vielleicht einen Zusammenhang zwischen absoluten Versnummern und den Zyklen der Gestirne. Dabei zählt 1 Vers der Tora als 1 Tag. Aber waren die Beispiele schon alles oder gibt es da noch mehr solche Stellen oder irgendwas vergleichbares? Wie sieht es mit den übrigen Planeten aus?

Nehmen. wir mal an, die Zyklen *aller* gedachten Planeten starten bei Neumond in Vers 1 auf einer Linie stehend und machen wir uns auf die Suche. Schauen wir uns auch die Zahl der Worte bis zu einem gewissen Punkt in der Tora an. Ich möchte Sie ermutigen, mit Hilfe meines „Versfinders" auf der Torakosmos Website (Link siehe Seite 7 unten) selbst auf die Suche nach Zusammenhängen zu gehen.

Hier folgt jetzt nur der für mich deutlichste und erstaunlichste Sachverhalt.

In Vers 399 der Tora, Genesis 17:1, ist erstens Vollmond und zweitens stehen da Jupiter und Erde erneut auf einer Linie. Das heißt, Jupiter ist sichtbar und hat die volle Helligkeit, weil er sich genau gegenüber der Sonne auf der Nachtseite der Erde befindet. Die beiden Planeten stehen dann nicht wieder an ihrer Ausgangsposition, sondern etwas darüber hinaus. Denn in der Zeit, welche die Erde benötigt, um einmal um die Sonne zu laufen, bewegt sich Jupiter so um die 34 Grad weiter. Die schnellere Erde braucht dann noch einen guten Monat um mit Jupiter wieder aufzuschließen. Der ganze Jupiter-Erde-Zyklus dauert 399 Tage.

Im Vers 399 liegt außerdem das 4333te Wort der Tora, nämlich das Wort „Jahre" (שׁנים). Und wer hätte es gedacht, ein Jupiter<u>jahr</u>, die Umlaufdauer des Planeten um die Sonne, dauert 4333 Tage.

„Jahr" oder „Jahre"? Im Hebräischen kann man „Jahr" sagen oder schreiben, aber „Jahre" meinen.

So heißt es in der hebräischen Genesis Kapitel 17:1 wörtlich: „90 Jahr und 9 Jahre", womit 99 Jahre als das Alter von Abraham gemeint sind. In Vers 17:24 steht hingegen: „90 und 9 Jahr", was nochmal 99 Jahre meint. In den Übersetzungen der Tora in andere Sprachen, die ich kenne, steht an beiden Stellen bloß noch „99 Jahre".

Im Kapitel 17 finden wir also zweimal die Altersangabe von 99 Jahren. Aber wer konnte damals schon 99 Jahre alt werden und soll dann, wenn er 100 ist, mit seiner 90 jährigen Frau (Vers 17:17) auch noch ein Kind bekommen? Nun, die wörtliche Bedeutung können wir hier wohl hinter uns lassen. Also was bedeutet das Alter sonst, wenn nicht nichts?

Es hat schon Theorien gegeben, daß mit den Altersangaben in der Genesis nicht Jahre, sondern Monate gemeint sein könnten. Das blieb aber bisher unbestätigt und ist angesichts der Tatsache, dass Abraham dann mit 7 Jahren zum ersten Mal Vater geworden wäre (Vers 16:15-16), äußerst fraglich.

Interessanter wird es, wenn wir das geschichtliche Level der Tora verlassen und nach weiteren Anspielungen suchen. Da hätten wir z.b. den Umstand, dass „Abraham 99" hier doppelt vor kommt und soweit ich weiß auch die einzige doppelte Altersangabe in der ganzen Tora ist. Soll hier etwas verdoppelt werden? Nun, zweimal 99 Jahre währen 198. Ist daran irgendetwas besonderes? 198 Jahre sind 72319 Tage. Hat es damit etwas Spezielles auf sich? Ich habe nichts gefunden.

Aber verwenden wir nochmal die These, es handele sich nicht um Jahre sondern um Monate. Ein Monat mit 30 oder 31 Tagen ist aber ein abstrakter Begriff, der nichts mit den Zyklen der Natur zu tun hat. Noch heute richtet sich der jüdische Kalender nach den echten Mond-Monaten, also nach der Zeit von Neumond bis Neumond. Gemäß heutigen Erkenntnissen dürften schon die Ur-Ahnen unsere Tora schreibenden Ahnen gewusst haben, daß dieser Zyklus rund 29,53 Tage dauert. Und 29,53 mal 198 (das Doppelte von 99) sind 5846,94 Tage. Zu 5847 aufgerundet ist das exakt die Versmenge der Tora!

Zufall oder Absicht? Und die Sache mit dem Jupiter, dem Mondjahr bei Melchizedek, den 365 Worten der Schöpfungsgeschichte und dem mehrdeutigen „kalendarischen" Vers 366? Alles sinnlos?

Wie kann es sein, dass ein Buch, das angeblich von vielen verschiedenen Autoren so nach und nach zusammengestückelt wurde, so eine astronomische Dimension aufweist? Nun, meine These ist, es gab zwei Zeiten und zwei verschieden Gruppen von Urhebern: die einen haben so ca. vor 3000 Jahren angefangen, Material zusammen zu tragen. Die anderen haben in der

Zeit von 500 bis 200 vor Chr. aus diesem Material die Tora unter Berücksichtigung gewisser Regeln zusammengebaut. Wie genial diese Regeln wirklich gewesen sein könnten, das sehen Sie jetzt gleich und auch in den nachfolgenden Kapiteln.

Übrigens, wenn wir mit dem heute bekannten Wert für den Neumondzyklus von 29,530588 Tagen rechnen, erhalten wir sogar 5847,05 Tage.

Ich hatte schon kurz erwähnt, daß in Vers 399, in dem sich er Jupiter-Erde-Zyklus schließt, auch Vollmond ist. Genaugenommen wird der Mond voll und geht auf, gute 5 Stunden *bevor* Jupiter wieder in ganzer Helligkeit am Horizont erscheint. Und im Vers 399 (Gen. 17:1) steht: *„...es erschien der Herr und sprach: ... wandele mir voraus und sei vollkommen.".*

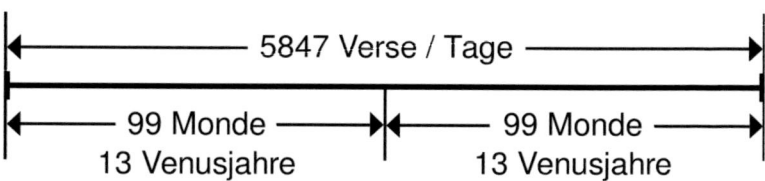

Es erscheint der „Herr", eigentlich Jahwe (יהוה), und es erscheint der Jupiter (hebräisch Tsedek, צדק, Gerechtigkeit). Der Mond kommt zuerst und ist voll, und Abraham soll vorauswandeln und vollkommen sein. Haben wir hier einen Bezug zwischen Personen und Planeten? Mit den Zyklen geht es noch weiter. In der Genesis in Kapitel 17 steht noch eine andere Zahl, nämlich das Alter von Ismael zu dem Zeitpunkt als Abraham 99 war. Ismael ist da 13 Jahre alt. Und tatsächlich: 99 Neumondzyklen entsprechen 13 Venusjahren. Das heißt, in 99 echten Monaten läuft die Venus 13 Mal um die Sonne. Bitte sehen Sie auf das Bild.

Dieser gemeinsame Zyklus von Venus und Mond, der übrigens 8 Jahre dauert, war den alten Griechen bekannt (Cleostratus ca. 520 v. Chr.), und trägt seither den Namen *Oktaeteris* („ewige Acht"). In 8 Jahren vergehen nicht nur 99 echte Monate und 13 Venusjahre, sondern Mond und Venus befinden sich danach sogar wieder nahe beieinander ungefähr am selben Platz am Himmel und das etwa am gleichen Tag des Jahres wie zuvor.

Nicht nur den Griechen, sondern auch den Autoren der Tora müsste dieser Zyklus bekannt gewesen sein. Das ist sogar sehr sicher so, denn schon fast alle noch viel älteren Kulturen könnten verblüffendes astronomisches Wissen gehabt haben. Einige Wissenschaftler, mittlerweile vielleicht sogar schon viele, sind der Meinung, dass z.B. Stonehenge eine Art riesige astronomische Uhr darstellt.

Der Oktaeteris dauert 99 echte Monate. Das sind aber keine runde Zahl von Tagen, sondern 2923,5 Tage. Das ist um einen halben Tag ungenau. Die Tora hat aber doppelt so viele Verse, so dass es passt.

Wer sich über die Planetenzyklen informiert und genau nachrechnet, findet heraus, dass die Zyklen der Planeten sich nicht ganz genau decken. Zwei Oktaeteriszyklen gemessen am Mond mögen 5847 Tage dauern, zweimal 8 Jahre aber nur rund 5844. Und die Venus legt ihre 13 x 2 = 26 Sonnenumläufe in nur 5842,2 Tagen zurück.

Das macht aber alles nichts aus. Kalender entsprechen *nie* zu 100% den astronomischen Tatsachen. Jeder Kalender braucht Korrekturzeiten, in denen ein paar Tage, Monate oder Jahre eingefügt oder weggelassen werden. Es kommt im Detail darauf an, welchen Himmelskörper man als Maßstab nimmt. So gesehen kann man sich über die korrekte Verszahl der Tora streiten. Aber ausgehend vom Zusammenhang zwischen der Versmenge der Tora und dem Alter Abrahams im verblüffenden Kapitel 17, gehe ich davon aus, dass die richtige Tora 5847 Verse zu haben hat. Alles andere sind nur verwandte astronomische Maßstäbe. Oder?

Noch mehr Zyklen

Der astronomische Maßstab „Tora" kann noch mehr. Denken Sie an 5847 Verse und vergleichen Sie: 214 Umläufe des Mondes um die Erde dauern zusammen 5846,82 Tage. Das zehnmalige Wiederauftauchen der Venus als Morgenstern dauert 5839,2 Tage.

Auch die Zahl der Verse als Jahre interpretiert lässt einige Schlüsse zu: 5852 Jahre sind 11 Osterzyklen von je 532 Jahren. Ein Osterzyklus meint die Zeitspanne, nach der sich das Monats- und Tagesdatum des Osterfestes im Julianischen Kalender wiederholt. Ebenfalls 5852 Jahre dauern 308 Metonzyklen je 19 Jahre. Der Metonzyklus ist das kleinste gemeinsame Vielfache des Sonnenjahres und des echten Monats (Neumondzyklus): In 19 Jahren kehrt der Neumond 235 mal wieder. Und nochmal 5852 Jahre dauern 77 kallippische Zyklen je 76 Jahre ... aber dieses hier auch noch zu erklären geht mir jetzt zu weit.

Ein Besonderes Augenmerk gehört noch auf die sogenannte Sarosperiode gerichtet. Nach diesem Zeitintervall wiederholen sich gewisse Sonnen- und Mondfinsternisse. Diese Periode war bereits im Altertum bekannt: Die ältesten erhaltenen Keilschrifttafeln mit solchen Berechnungen stammen ab 748 v. Chr. von den Babyloniern. Die Sarosperiode dauert 223 echte Monate, das sind etwa 18,03 Jahre.

Wenn man das auf 18 Jahre idealisiert, was meiner Meinung nach damals a la „Daumen Mal Pi" und / oder zu heiligen Zwecken keine seltene Vorgehensweise war, passen in einen Tora-Maßstab von 5850 Jahren demnach 325 solche Perioden. „Daumen Mal Pi" heißt nicht, die Babylonier hätten es nicht genauer gekonnt. Ich meine lediglich, dass es in manchen Fällen genügte, den Zeitraum bloß in etwa anzupeilen, bzw. man habe zu heiligen Zwecken auf idealen Zahlen aufgebaut.

In Kapitel 4 zeige ich, wie der Tora-/Sarosmaßstab den Hintergrund für den jüdischen und den christlichen Kalender bilden könnte und wie diese beiden Systeme vielleicht durch die Verszahl der Tora verknüpft sind. „Vielleicht" erscheint mir untertrieben ...

Die Verszahl der Tora im Buch Numeri

Wenn Sie sich nicht mit „fragwürdigen Mathespielchen"
aufhalten wollen oder nicht in einer Bibel nachlesen
wollen,   können   Sie   diesen   Abschnitt   getrost
überspringen.

Im Buch Numeri, Kapitel 3 bis 5, ist eine Formel mit ein
paar Ausgangszahlen beschrieben, woraus sich unter
Anderem die Ergebnisse 5844 und 5850 ableiten. 5844
Tage wären ein Tora-Maß von 16 Jahren und 5850 Jahre
wären ein Tora-Maß, das auf der Sarosperiode aufbaut.
Zur Erinnerung: die Tora hat 5847 Verse.

Die Formel kann man folgendermaßen herleiten: Die
Leviten, einer der Zwölf Stämme Israels, sind Eigentum
Gottes   (Numeri   3:13).   Im   Falle   einer
Eigentumsverletzung, das bedeutet, falls den Leviten
ein Schaden widerfährt, muss die Zahl der Leviten die
Schaden genommen haben zuzüglich eines Fünftels
„erstattet" werden (Numeri 5:6-7).

„Schaden" genommen haben diejenigen Leviten, die
nicht arbeiten können. Um deren Zahl zu berechnen,
muss von der Gesamtzahl der Leviten die Zahl derer die
arbeiten können abgezogen werden. Dann muss ein
Fünftel vom Rest zum Rest addiert werden um zu
erhalten wie viel „gezahlt" werden muss. Womit hier
gezahlt wird, tut nichts zur Sache, es geht einfach nur
um die Formel und es sind eben ein paar Worte darum
herum angebracht in denen sie versteckt ist.

Hier die Rechnung: Gershon, laut Altem Testament der älteste Sohn des Levi, hat 7500 Leviten (Numeri 3:22). Arbeiten können davon 2630 (Numeri 4:40). Das ergibt einen Verlust von 7500 - 2630 = 4870. Plus ein Fünftel sind 5844! Das ist die Verszahl der Tora basierend auf 16 Erdjahren.

Und zweitens: Bei der Sippe Kehat wird nichts „zurückgezahlt". Wir brauchen da nur die Zahl der arbeitsfähigen Leviten von Kehat, 2750, von deren Gesamtzahl 8600 (hebräischer Text) abziehen und erhalten einen Verlust von 5850!

Ich nehme an, ein Witzbold hat die Zahlen 5844 und 5850 im Buch Numeri versteckt, denn eine rationale Erklärung habe ich nicht. Ich kenne in der ganzen Tora keinen Anhaltspunkt, warum in Numeri so verdeckt auf die Verszahl der Tora hingewiesen wird. Nichts desto trotz halte ich einen Zufall für ausgeschlossen, denn:

Um aus ein paar Zahlen eine x-beliebige andere Zahl zu machen, braucht es schon etwas mehr als das was wir hier betrieben haben. Für die Beliebigkeit nötig sind z.B. Multiplikationen und Potenzen mit Zahlen (auch Brüchen), die im Kontext gar nicht vorkommen. Auch Wurzeln fänden dabei Verwendung, ganz im Gegensatz zu hier. Täte man solche Umstände machen, wäre das vergleichbar mit der Radosofie, der Lehre von den in den Maßen eines Fahrrades versteckten Naturkonstanten. Aber wie geschrieben, den dazu nötigen Aufwand habe ich hier gar nicht geschoben.

Abgesehen davon stehen im Numeri-Text an den genannten Stellen gar nicht so viele Zahlen, als dass man dort genügend Spielraum für Zufallstreffer hätte.

So. Wer meint, diese paar Planetenzyklen wären schon das Einzige was die Tora birgt, wird im nächsten Kapitel im wahrsten Sinne des Wortes AUGEN machen.

2. Kapitel

Die Hitomi-Methode

Es ist das Geheimnis der KREISE IM AUGE, welche den mittleren Punkt umgeben, der eigentlich das Sehen des ganzen Auges bildet. - Der Sohar

Kreise im Auge

In diesem Kapitel stelle ich meine Entdeckung vor, dass wirklich Bilder in die Genesis hinein kodiert sind und zwar durch Gematria. In Kapitel 1 hatte ich erklärt, was Gematria ist, und hier zeige ich, wie das dekodieren der Bilder mittels der „Hitomi"-Methode funktioniert. Danach gebe ich ein Beispiel eines solchen Bildes, zusammen mit seiner astronomischen und mystischen Bedeutung. Weitere Bilder werden ab dem nächsten Kapitel vorgestellt.

Zuerst müssen Sie wissen, dass die Genesis eine dreifache Struktur hat, bzw. dass sie in drei Spannen von jeweils gleich vielen Versen eingeteilt ist. Einen versteckten Hinweis darauf liefert uns Vers Genesis 35:10. Der ist:

„Gott sprach zu ihm: Dein Name ist Jakob. Dein Name soll jedoch nicht mehr Jakob lauten, sondern Israel soll Dein Name sein. Er gab ihm also den Namen Israel."

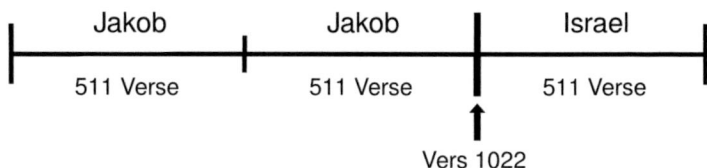

Vers 1022

Wir haben hier dreimal den Ausdruck „Dein Name",
zweimal mit Jakob und einmal mit Israel. Der Vers hat
die absolute Nummer 1022. Das sind zweimal 511 Verse
und bis zum Ende der Genesis bleiben noch einmal 511
Verse, so dass die Genesis insgesamt dreimal 511 Verse
hat.

Nochmal anders formuliert, denn dies ist wichtig:
Zweimal Jakob und einmal Israel, sowie zweimal 511
Verse und nochmal 511 Verse. Zusammen dreimal „Dein
Name" und dreimal 511 Verse.

Der Ausdruck „Dein Name" (שְׁמֶךָ) hat den Wert 360.
Wie der berechnet wird ist in Kapitel 1 erklärt. 360 sind
die Grad eines vollen Kreises und es gibt in der Genesis
einen Zusammenhang zwischen drei Namen, dreimal 511
Versen und drei Kreisen.

Dazu muss man wissen, dass 360° nicht erst von den
Griechen, sondern auch schon von den Babyloniern
verwendet worden sind, weil - was sich sehr leicht
beobachten lässt - der scheinbare Kreis der Sonne am
Himmel durch das Jahr in annähernd so viele
Tagesabschnitte geteilt ist. 360 lässt sich durch 22 ganze
Zahlen teilen, so dass viele Berechnungen ohne Brüche
möglich sind. Das sind die natürlichen und kosmischen
Gründe.

Bei der von mir *Hitomi* (jap. ひとみ, *Auge, Pupille*) benannten Methode die ich entdeckt habe, werden die 3 x 511 = 1533 Verse der Genesis in 3 konzentrischen Ringen mit je 511 Sektoren angeordnet. Im Bild unten sehen Sie beispielshalber nur 48 Sektoren pro Ring, weil 511 Speichenlinien zu einem Schwarzen Fleck verschmelzen würden.

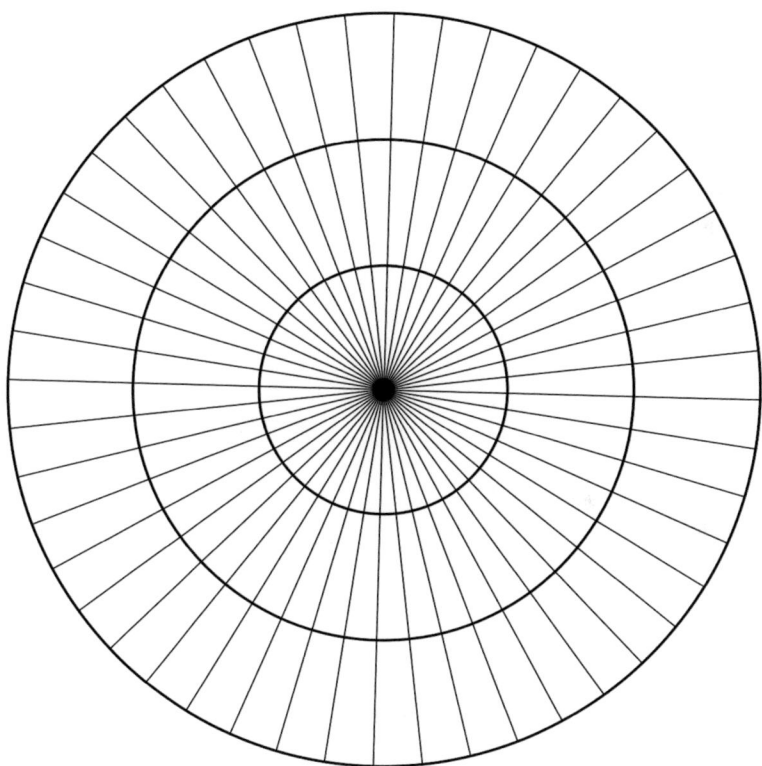

Die Anordnung der Verse in die drei konzentrischen Ringe geht so: Angefangen mit Vers 1 in Sektor 1 im innersten Ring, fortgesetzt mit Vers 2 in Sektor 2 des

innersten Ringes und weiter rund um der Reihe nach.
Wenn dann beim 511. Vers der innerste Ring voll ist,
wird zu Sektor 1 des nächst äußeren Ringes gegangen
und so weiter, bis drei Runden geschafft sind und Vers
1533 in Sektor 511 des Äußersten der 3 konzentrischen
Ringe liegt.

Jeder Vers besteht aus höchstens 26 Worten. Wir
unterteilen den Sektor jedes Verses entlang seines
Radius in 26 Untersektoren, also damit auch jeden Ring
in 26 Unterringe, und setzen die bis zu 26 Worte von
innen nach außen in die 26 Untersektoren. Hat ein Vers
weniger als 26 Worte, bleiben die weiteren
Untersektoren leer. Im Bild unten sehen Sie aus Gründen
der Darstellbarkeit nur 8 Untersektoren für Verse mit bis
zu 8 Worten.

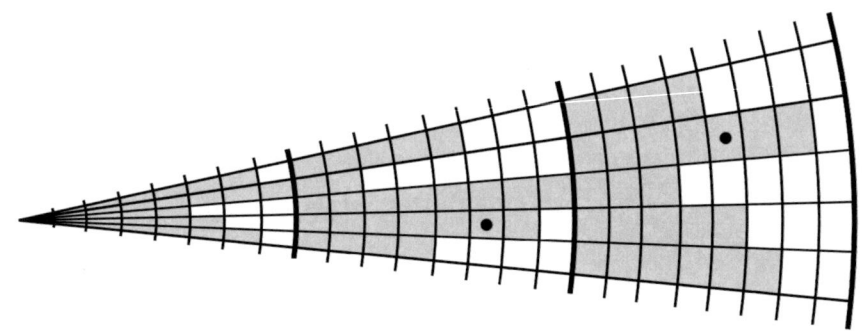

26 ist der Wert des *Namens* Jahwe (יהוה, YHVH), wobei
der Wert hier dreimal entlang einer Speiche des Auges
als Zahl der Unterringe pro Ring auftritt (im Bild oben
nur 8).

Im Hitomi-Verfahren wird jetzt eine Zahl bestimmt, und für jedes Wort der hebräischen Genesis, dessen Buchstaben-numerische Quersumme dieser Zahl entspricht, wird ein Punkt in den Sektor des Wortes nach oben beschriebener Anordnungsmethode gesetzt. Zum Schluss wird beurteilt, ob die Punkte etwas darstellen. Man kann sie dazu auch mit Linien verbinden (siehe Bilder Seite 90 / 91).

Zur Suche nach Bildern in Frage kommende Zahlen sind Zahlen mit besonderen mathematischen Eigenschaften. Beispiel folgt. Auch möglich sind Zahlen, welche den Wert bestimmter wichtiger Wörter darstellen oder astronomische Zyklen betreffen. Und Kombinationen der Gründe für das in Frage kommen sind auch denkbar.

Für die Entscheidung, ob eine Zahl tatsächlich ein nicht zufälliges Bild ergibt, kann es auch helfen, mal anzusehen, in welchem oder wievielten Tora-Vers oder im wievielten Sektor des Auges ein Wort/Punkt liegt oder welches Wort genau den Punkt bildet.

Ich stelle die bisher gefundenen Zahlen, welche sinnvolle Bilder ergeben, sowie die schon erforschten Bilder (das sind nicht alle), im folgenden Text und den übrigen Kapiteln nach und nach vor. Als erstes die 666, die nicht nur besondere mathematische Eigenschaften aufweist, sondern auch eine Sonderstellung in der Bibel einnimmt.

Die 666 ist unter Bibeldeutern sehr populär, da sie wohl die geheimnisvollste Zahl aus der ganzen Bibel darstellt. Im biblischen Buch „Offenbarung des Johannes" steht (Vers 13:18):

„Hier ist die Weisheit. Wer Verständnis hat, berechne die Zahl des Tieres; denn es ist eines Menschen Zahl; und seine Zahl ist sechshundertsechsundsechzig. "

Wir haben hier die einzige Zahl in der Bibel, die mit der ganz konkreten Aufforderung an den Leser etwas zu berechnen angegeben ist. Über ihre Bedeutung wurde schon sehr viel spekuliert. Mehr als ich hier jetzt anführen könnte, wobei ich aber der Liste an möglichen Bedeutungen hiermit gleich noch weitere hinzufüge.

Bei der Hitomi-Methode mit der 666 als Eingabezahl erscheint ein gleichseitiges Dreieck mit einem abseits liegenden Punkt und einem Strich durch die Mitte (siehe Bilder Seite 90 / 91). 666 ist eine Dreieckszahl, das heißt, sie bildet wie beim Billardspiel ein gleichseitiges Dreieck. Da sind 15 Kugeln bei einer Kantenlänge von 5 Kugeln im Dreieck ausgelegt. Die Dreieckszahl von 5 ist damit 15 und bei einer Kantenlänge von 36 Kugeln hätte man 666 Kugeln insgesamt. 666 ist die Dreieckszahl von 36.

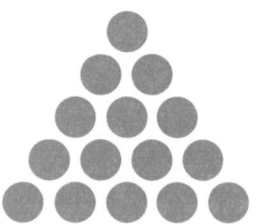

Obwohl ich ursprünglich bloß die Verteilung gewisser Wortwerte in der Tora untersuchen wollte, habe ich die Hitomi-Methode überhaupt erst durch die 666 entdeckt. Und zwar als ich merkte, dass sie im dritten Drittel der

Genesis in annähernd gleichem Abstand vorkommt. Ich dachte mir, wenn man die Verse in einem Rad wie oben beschrieben anordnet, würden die 666er des dritten Drittels ein gleichseitiges Dreieck andeuten. Und wie ich später sogar feststellte, ist 666 auch der Wert eines hebräischen Wortes für „Räder" (גלגלם).

Der aus der Reihe tanzende gelbe Punkt ist das Wort „geduldig suchen" (ויתרן). Was uns wohl die Autoren der Tora damit sagen wollten? Suche nach weiteren Bildern? Obwohl ich das Wort hinter diesem Punkt erst später bemerkte, habe ich andere Zahlen ausprobiert und wurde fündig.

In jedem Bild steckt viel. Daher habe ich, anstelle nur eine Liste zu machen, alle Informationen zu den Bildern über diese Buch verteilt. Bevor ich Ihnen erste Ausdeutungen zum Hitomi-Bild aus der 666 gebe, erkläre ich noch zwei Besonderheiten von hebräischen Worten, die bei der Berechnung von Wortwerten eine bedeutende Rolle spielen.

Erstens: Kleine Worte wie z.B. „um, zu, nach, mein, dein, ihr, dich" sind im Hebräischen Silben und stehen nicht alleine da. Sie sind an das Ende oder den Anfang der begleitenden Worte geklebt (das nennt man Agglutinierender Sprachbau). Am Wortanfang können auch die Wörtchen „und" oder „der" stehen. Bei der Berechnung von Wortwerten werden diese Silben mit einbezogen, während ich sie in der Übersetzung eines Wortes aber nicht explizit nenne. Ich schreibe also manchmal nur z.B. „Name", wenn der eigentliche Ausdruck „Name Dein" ist, weil das „Dein" am „Name" dran klebt und aber für den tieferen Sinn nicht dazu gehört. Die geheime Tora ist weniger die Tora der exakten Übereinstimmungen als die Tora der Hinweise.

Zweitens: Der letzte Buchstabe. In manchen Bildern sehen wir Punkte in zwei oder drei Farben. Erklärung: Es gibt im Hebräischen 5 von 22 Buchstaben die einen alternativen Wert haben *können*, wenn sie am Ende eines Wortes stehen. Werden für diese Buchstaben die normalen Werte gezählt und erhalten die Worte damit die gesuchte Quersumme, erscheinen deren Punkte hier gelb. Rot erscheinen sie, wenn der alternative Wert verwendet wird und damit die gesuct Quersumme erreicht wird. Diese Eigenart führt uns in ein paar Fällen zu mehreren Formen oder Absichten in einem Bild. Orange Punkte sind Worte, an deren Ende keiner der 5 speziellen Buchstaben steht.

Mystische Astronomie?

Astronomen kennen es: Keplers Planetendreieck, welches von wiederkehrenden Jupiter-Saturn Begegnungen am Himmel gebildet wird. Im Hitomi-Bild 666 rechts sehen wir eine Darstellung davon, in der Art, wie es bei Horoskopen üblich ist. Kepler hatte es auch in dieser Form dargestellt.

Die Begegnungen finden nach einem alten Idealmaß, das auch Kepler verwendete, im Abstand von rund 20 Jahren jeweils etwa 117° weiter westlich am Himmel statt, so dass sich nach 3 Begegnungen ein etwa gleichseitiges Dreieck um den Betrachter abzeichnet. Nach rund 60

Jahren wiederholen sich die Positionen der Begegnungen um ca. 9° weiter östlich versetzt: Das angedeutete Dreieck dreht sich langsam gegen den Uhrzeigersinn.

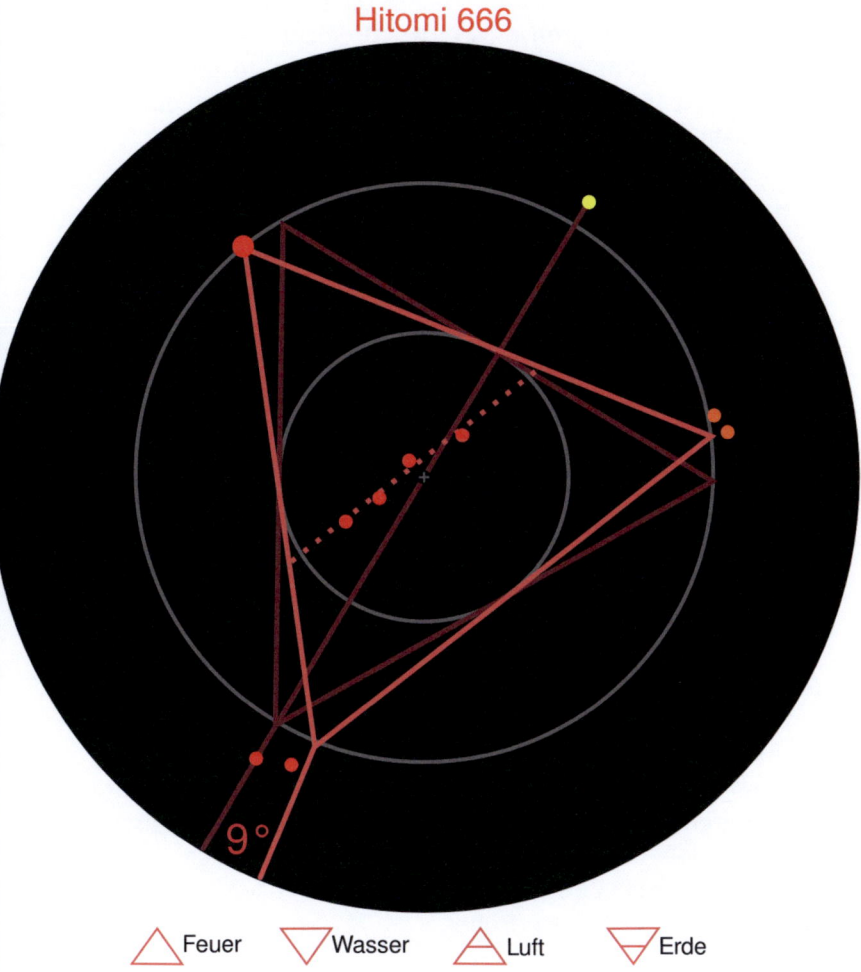

Hitomi 666

△ Feuer   ▽ Wasser   △ Luft   ▽ Erde

Diese Idee zeigt der rote Punkt links unten in
Verbindung mit dem dunkelroten Dreieck, das in einer
Relation von 9° zum hellroten Dreieck steht, welches
vom großen roten Punkt links oben aus geht. Die zwei
rechten orangefarbenen Punkte bilden einen Winkel von
3°, also den Drehwinkel des Dreiecks zwischen zwei
Begegnungen, und die beiden roten Punkte unten links
doppelt soviel. Der gelbe Punkt liegt dem unteren
linken Punkt genau gegenüber.

Die vier Punkte im inneren Kreis können das Dreieck
halbieren, so dass es zu einem alten alchemistischen
Symbol für eines der klassischen griechischen vier
Elemente Feuer, Wasser, Luft und Erde werden kann. Im
Bild sehen wir das Elementzeichen des Feuers, wenn wir
den Querstrich weglassen, und jenes der Luft, wenn wir
ihn einzeichnen. Würden wir das Bild auf den Kopf
stellen, hätten wir ohne Querstrich das Wasser und mit
ihm die Erde. Die drei Spitzen des sich langsam
drehenden Dreiecks deuten unabhängig von seiner Lage
immer auf jene drei Tierkreiszeichen, die deswegen
zum selben Element gehören.

Der Tierkreis stammt aus Babylonien und Ägypten,
während Alchemie und auch Astronomie (damals
gleichbedeutend mit Astrologie) zu den sogenannten
hermetischen Wissenschaften zählen. Der sagenhafte
Begründer dieser Wissenschaften, Hermes Trismegistos,
soll der Legende nach vor Urzeiten wirklich gelebt
haben, als Zeitgenosse des Moses nach biblischer
Rechnung oder noch früher.

Egal ob Sie dieser Legende glauben, diese Zusammenhänge zeigen uns jedenfalls, dass die alten Griechen und Babylonier, bzw. die Juden im babylonischen Exil, als dort in den Jahren 598 bis 539 v. Chr. die Tora angefertigt wurde, bereits viel mehr von unserem heutigen Wissen und unseren Erfahrungen besaßen und austauschten, als wir heute meinen.

Es ist denkbar, dass Kepler aus diesem Wissen geschöpft hat, da über ihn gesagt wird, dass sein von tiefem Glauben geprägtes Weltbild auf der hermetischen Tradition beruhte.

Bevor wir weiter machen, lassen Sie mich uns kurz mit der Frage beschäftigen, wozu es gut sein sollte, dieses Dreieck und noch andere Muster in die Genesis hinein zu verschlüsseln. Warum sollten sich die Autoren oder Redaktoren der Tora diese Mühe machen? Ähnliche Fragen wurden auch zu Stonehenge und den Pyramiden gestellt und hier haben wir etwas vergleichbar seltsames. Und diese Fragen sind vielleicht die interessantesten Fragen zu dem ganzen Stoff hier überhaupt.

Also: Die vielleicht unbefriedigendste Antwort ist, daß es sich bei den Mustern nur um Kunst handelt. Aber warum sollte man Kunst verstecken? Nun, etwas weiter gedacht, die Muster dien(t)en vielleicht einem heilig-mystisch-magischem Zweck, den nicht jeder kennen durfte. Ähnlich einem mit kultischen Symbolen versehenen Talisman oder ähnlich der beeindruckenden Architektur einer Kathedrale? Die Hitomi-Bilder scheinen durch den Text wie die Sonne durch Buntglasfenster, aber eben nicht für alle Augen? Doch was war oder ist der heilige-mystisch-magische Zweck?

Menschen tun unglaubliche Dinge aus reinem Glauben heraus. Auch Stonehenge und die Pyramiden - meinen die meisten Archäologen immer noch - wären allein aus einem Glauben heraus gebaut worden. Doch was könnte dieser Glaube hier in der Tora ganz speziell (gewesen) sein?

Eine andere mögliche Erklärung: Was ist, wenn man mit den Bildern eine Art „Wasserzeichen" in den Text setzen wollte, um seine Integrität oder Echtheit belegen zu können, um zu beweisen dass der Text im Großen und Ganzen nicht verändert oder ausgetauscht wurde?

Es ist aber auch denkbar, dass die Alten eben ein Wissen hatten, dieses aber nicht übermitteln, sondern nur andeuten wollten. Nach dem Motto „Wir wussten es" oder „Wir konnten es", so ähnlich wie heutige Wissenschaftler in 1972 die *Pioneer-Plakette* an den beiden Pioneer Weltraumsonden angebracht hatten, in der Hoffnung, andere Zivilisationen könnten eines Tages darin den Menschen und seine Intelligenz und Herkunft erkennen. Allerdings, wenn Sie sich diese Plaketten einmal anschauen, könnten Sie sich fragen, ob die lieben Aliens entweder an der Intelligenz einer Zivilisation zweifeln würden, die keine Schrift hat, oder aber ob sie die Botschaft überhaupt verstehen würden. So gesehen ist die Tora besser geeignet um den Eindruck von Intelligenz zu erwecken.

Geheimnis in Christus

Neben der Berechnung der Quersummen von hebräischen Wörtern ist dies auch mit griechischen möglich. Denn auch griechische Buchstaben haben streng genormte Zahlenzuordnungen und sowohl das hebräische als auch das griechische Alphabet stammen vom phönizischen Alphabet ab. Griechische Gematria nennt man eigentlich Isopsephia.

Ich hatte vorhin erklärt, dass das Hitomi-Rad aus dreimal 26 Ringen besteht. Die Quersumme von 26 ist 8 und drei 8er ergeben hintereinander gelesen 888. Das ist die Quersumme des Namens „Jesus" auf griechisch (Iησους). Und weil 26 der Wert des Namens Jahwe (יהוה) ist, kann man hier erkennen, daß drei Namen ein Name sind: Jesus. Die drei Namen sind Jakob, Jakob und Israel, das hatten wir am Anfang dieses Kapitels.

Die obere Spitze (rot, siehe Bilder Seite 90 und 91) des gleichseitigen Dreiecks liegt in Vers 1480 und diese Zahl ist die Quersumme des Wortes „Christos" (Χριστός) im Griechischen. Das Wort, welches in diesem Vers liegt und mit dem Wert 666 den Punkt an der Spitze bildet ist hebräisch „Sodom" (בכסדם), dies bedeutet hier übersetzt „Überlegung" oder „Geheimnis". Sprich, es liegt ein Geheimnis in Christus.

An dieser Stelle möchte ich darauf hin weisen, dass Gematria und Isopsephie auf der einen Seite strikt zu trennen sind von fragwürdigen „numerologischen" Methoden auf der anderen Seite. Solche Methoden sind z.B. die „Berechnung des Schicksals" aus Namen oder irreführender weise auch Gematria genannte englische oder deutsche Numerologie, wobei da die Beziehungen eines Buchstaben zu einer bestimmten Zahl von Fall zu Fall willkürlich wechselt. Auch in der hebräischen Gematria gibt es noch von den Standards abweichende später hinzuerfundene Schlüssel und Methoden, deren Sinn ich jedoch in vielen Fällen für fraglich halte. Aber zurück zum Thema.

Obwohl das ursprünglich griechische neue Testament mit den Erzählungen über Jesus erst lange nach der Tora geschrieben wurde, haben die griechischen Worte „Jesus" und „Christos" samt ihren Quersummen schon zur Zeit der Tora existiert. „Jesus" ist nur die griechische Übersetzung des alttestamentlichen Namens „Jeschua" (יֵשׁוּעַ) und „Christos" ist einfach das griechische Äquivalent für das hebräische „Meschiach" (מָשִׁיחַ), das heißt griechisch „Messias".

Der „Meschiach" kommt auch schon in der Tora vor und wurde bereits seit 250 v. Chr. in der *Septuaginta*, welche die älteste Übersetzung der Tora ins Griechische enthält, mit „Christos" übersetzt. Sowohl „Meschiach" als auch „Christos" bedeutet einfach „Gesalbter". Tatsächlich geht „Christos" auf das ägyptische KRST (sprich Karast) zurück, welches ebenso „Gesalbter" heißt und unter anderem ein Titel des ägyptischen Gottes Horus war.

An die Existenz eines Horus glaube ich nicht und weil es zwischen dem, was über ihn in Ägypten geschrieben steht und über Jesus in der Bibel, viele Parallelen gibt, sehe ich auch Jesus als Mythos an. Parallelen sind unter

Anderem: Die Ankündigung der Geburt durch einen Stern, der Name der Mutter, die Versuchung, die Zahl der Jünger und die Kreuzigung.

Einen Prediger Namens Jesus mag es vielleicht gegeben haben, der war für mich aber auf Grund der Parallelen nicht wirklich der Sohn eines Gottes. Ich erkläre meinen Standpunkt: die Parallelen erlauben gerechter weise die Annahme, das Jesus und Horus beide Gottessöhne seien. Laut dem Glauben an Jesus soll Gott aber nur 1 Sohn gehabt haben. Ein Widerspruch in sich, ist nur meine Meinung. Ich behaupte nicht, das Mythen keinen Sinn hätten.

Was könnte das Geheimnis sein?

Der *Kehr*wert, im Hebräischen der so genannte *Atbasch* von „Geheimnis" (בבסד) ist 418 und das entspricht auch dem Wert von *Sünde* (חטאת). Atbasch bedeutet, dass in der Quersummenbildung für den ersten Buchstaben des hebräischen Alphabets (das Aleph-Beth) der Wert des letzten gelesen wird, für den zweiten der vorletzte und so weiter. Das ist eine gängige und erprobte Variante der Gematria.

Also fassen wir zusammen: In Christus liegt das Geheimnis, welches die Abkehr von der Sünde ist. Das ist nicht neu, aber nach diesen Erläuterungen könnte klar sein, dass die Tora und hier besonders die Genesis im Kern wirklich ein mystisches Konzept beherbergt, das erst 500 Jahre nachdem die Tora geschrieben wurde mit Jesus zur Geltung gebracht wurde.

Ach ja, falls es Sie interessiert, Vers 1480 ist Genesis 49:6, aber das tut hier nichts zur Sache. Sie können aber jederzeit auf meiner Webseite:

www.torakosmos.de/versfinder.php

die Tora an jeder beliebigen absoluten Versnummer aufschlagen lassen, um zu sehen welcher Vers das ist.

Weitere Bilder / die Chance

Mittels der Hitomi-Methode ergeben sich Bilder, die man in astronomischem oder mathematischem Kontext wiederfindet. Das sei mal so dahin gestellt und Sie werden es noch sehen. Aber auch das Schema der drei konzentrischen Kreise selbst entdecken wir nochmal an geeigneter Stelle, zum Beispiel auf dem Buchdeckel der Einheitsübersetzung der Bibel[3] (!).

Wie die Autoren der Tora die Bilder berechnet und in die Genesis eingewoben haben, ist unbekannt. Es gibt auch kaum einen Hinweis, warum die Punkte nicht alle genau an den richtigen Stellen liegen. Vielleicht ging es aufgrund der grammatischen Umstände nicht besser oder die Autoren waren nicht dazu im Stande. Um jedoch die Bilder wieder aus der Genesis heraus zu holen, kann man heute einen Computer benutzen und genau das habe ich getan. Mein Programm dazu steht auf der Torakosmos Website (Link siehe Seite 7 unten) bereit.

---

3 Abbildung www.torakosmos.de in der Galerie

Es gibt rund 1000 verschiedene Wortwerte in der Tora und 1 Wortwert kann nur 1 Bild ergeben. Im Moment sind 8 Bilder entdeckt. Der Rest der Wortwerte schien nur Chaos zu ergeben, ich glaube aber, dass es insgesamt 10 Bilder gibt. Den Grund für diese Annahme sehen Sie im nächsten Kapitel.

Hier sind die bekannten bildgebenden Zahlen in aufsteigender Reihenfolge: 231, 366, 368, 656, 666, 678, 867, 971. Die Bilder und Zahlen werden in den nächsten Kapiteln vorgestellt und behandelt. Sie finden alle diese Bilder auf den Seiten 90 und 91 abgebildet, und eine knappe Aufstellung über das was diese Bilder darstellen, finden Sie ab Seite 92.

Ich bin bei meiner Suche nicht nur von scheinbar wichtigen Zahlen ausgegangen. Das galt eigentlich so wie ich mich erinnere nur für die 666. Die übrigen Zahlen sind mir bei der Weitersuche „begegnet", bzw. ich erkannte ihre Wichtigkeit und ihren Sinn erst nachdem mir ein Bild etwas beabsichtigtes zu sein schien. Intuition hat hierbei sicherlich eine große Rolle gespielt und aus dem Wechselspiel zwischen der Betrachtung eines Bildes, seiner Zahl, den Worten, den Versen und Versnummern und den Sektornummern, ergab sich schließlich die Gewissheit hier oder da etwas beabsichtigtes gefunden zu haben. Entscheidend war auch, daß sich die gefundenen Zahlen anders als irgendwelche beliebigen Zahlen aufeinander beziehen. Das gebe ich im nächsten Kapitel ganz genau wieder.

Die meisten Zahlen ergaben mir Chaos. Auch dann, als ich nicht wie anfangs gesagt nur mit der Genesis arbeitete, sondern andere Textstellen der Tora oder gar ganz andere Texte des hebräischen alten Testaments untersuchte. Ergebnis: nichts signifikantes bzw. nur Chaos. Auch das Ändern der Speichenzahl oder andere Modifikationen am Verfahren brachten bisher nichts.

Es besteht ein deutlicher Unterschied zwischen Hitomi und dem „Bibelcode". Der Bibelcode ist im Prinzip ganz einfach die Methode, bei einem Buchstaben des Textes anzufangen und von da aus immer die selbe Zahl von Buchstaben zu überspringen. Die Buchstaben bei welchen man bei jedem Sprung landet, werden als ein Wort gelesen. Dieses Verfahren ist an sich richtig, sofern man es nur im hebräischen Text und in kleinem Rahmen umsetzt, also z.B. nur eine begrenzte Textstelle untersucht und die Buchstabendistanz überschaubar hält. Dabei findet man dann Worte wie „Tora", „Jahwe" oder „Wahrheit". Die Zahlen, welche man als Buchstabenabstände wählt, müssen auch an sich eine Bedeutung haben. Ansonsten lässt der Bibelcode praktisch so viele Varianten zu, wie es Buchstaben im untersuchten Text gibt. In der Tora sind das über 300.000. Weil es aber nur rund 1000 verschiedene Wortwerte in der Tora gibt, könnten rein theoretisch auch nur 1000 beabsichtigte Bilder existieren.

Die Punktebilder erinnern an Sternbilder und tatsächlich meine ich, unter den Punktebildern zwei Sternbilder gefunden zu haben, nämlich die beiden am besten sichtbaren: der Große Wagen und der Orion. Falls Sie mit Hitomi Sternbilder finden wollen, müssen sie beachten, dass dazu nur die mit bloßem Auge gut sichtbaren Sterne in Frage kommen. Davon hat selbst Ptolemäus 100-175 n. Chr. nur rund 1000 gezählt bzw. benannt. Und verschiedene Sternbilder kennen wir heute 88 und im antiken Griechenland waren es nur 48.

Das heißt, dass für die Erbauer der Tora nur eine sehr begrenzte Menge an Sternbildern in Frage gekommen sein können.

Beschäftigen Sie sich ruhig ein bisschen mit dem Hitomi-Programm auf der Torakosmos Website (Link siehe Seite 7 unten) und den Bildern und Zahlen ab Seite 90ff.

Wenn sie genug gesehen haben, geht es jetzt zur nächsten großen Entdeckung, welche die Echtheit der gefundenen Bilder und ihre Absichtlichkeit sehr gut unterstützt.

3. Kapitel

Hitomi im Zahlenbaum

Zehn Zahlen ohne etwas, zehn und nicht neun, zehn und nicht elf, verstehe mit Weisheit und erkenne mit Einsicht, prüfe durch sie und erforsche von ihnen, wisse, RECHNE UND ZEICHNE... - Sefer Jezira

Baum der Zahlen - Baum der Bilder

Etwas seltsam wären die Hitomi-Bilder (Kapitel 2), wenn jedes von ihnen alleine und ohne Zusammenhang zu den übrigen da stehen würde. Das widerspräche der Theorie eines Gesamtkonzeptes der Tora. Folglich musste ich nach Zusammenhängen suchen, wie sich die Bilder aufeinander beziehen. Da die Bilder rund sind, lag es mir nicht fern von meinem Weg, sie mit dem *hermetisch-kabbalistischen Baum der Zahlen* in Verbindung zu bringen. Das ist ein altes überliefertes Diagramm aus der mit der Tora verwandten *Kabbala*, der jüdischen Mystik. Er besteht für gewöhnlich aus einer Anordnung von neben- und übereinander gestapelten *Kreisen* mit hineingeschriebenen Zahlen oder Bedeutungen (Bild nächste Seite).

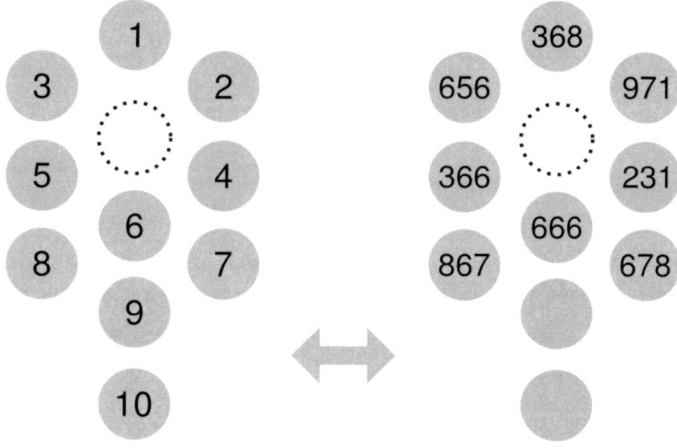

Links oben sehen wir den traditionellen kabbalistischen Baum der Zahlen, auch *Sefirot* oder *Baum des Lebens* genannt. Diese „Mind-Map" dient der übersichtlichen und logischen Verbindung von Zahlen mit bestimmten Ideen. Solche können z. B. sein: Göttliche Eigenschaften oder Aspekte der Schöpfung, kategorisierte Fähigkeiten des Menschen oder psychologische Prinzipien bis hin zu esoterischen Planetenbedeutungen (die eigentlich auch wieder nur psychologische Prinzipien sind, aber das tut hier erst mal nichts zur Sache).

Die Zuordnung der Ideen ist nicht willkürlich, sondern folgt dem überlieferten Schema. So ist der kabbalistische Name des Platzes 1 z. B. „Krone" (Kether, כתר) und steht sinnbildlich für das Erste und Höchste was es gibt. Dazu kann man dann weitere, verwandte Ideen dort sammeln, wie z. B. den äußersten Planeten Neptun in seiner psychologischen oder mystischen Bedeutung. Der Name von Platz 6 in der Mitte ist „Schönheit" (Tiphareth, תיפארת) und entspricht der Sonne, die auch in der Mitte der Planeten steht.

Letztere Tatsache kann den Erfindern der Kabbala vor langer, langer Zeit bekannt gewesen sein, das erkläre ich noch ausführlich in Kapitel 5. Auch der Neptun war ihnen bekannt, das erkläre ich am Ende dieses Kapitels.

Rechts neben dem herkömmlichen Baum sehen wir die bildgebenden Zahlen aus der Hitomi-Methode an ihre Stelle im Baum gesetzt, denn tatsächlich: Mit etwas Rechnerei und einer gehörigen Portion Intuition habe ich die Bilder aus dem Hitomi-Verfahren im besagten Zahlenbaum platzieren können. Intuition ist eine Intelligenzform, welche den herkömmlichen Verstand übersteigt und dazu befähigt, unwissend das Richtige zu erkennen. Das impliziert natürlich, daß diese Erkenntnis von irgendwo her kommen muss, aber lassen wir das bitte mal außen vor.

Wenn die Zuordnung der Bilder zu den Zahlenplätzen 1 bis 10 richtig gemacht wird, so wie ich es gemacht habe, ergeben sich Symmetrien und Regeln durch die Quersummen der bildgebenden Zahlen (Bild nächste Seite).

Das sieht schon mal nicht schlecht aus. Da die Plätze wie schon erwähnt mit Ideen belegt sind, lässt sich untersuchen, ob und zu welchen Bildern diese Ideen eine Beziehung aufweisen. Damit ließen sich nicht nur die Bilder besser deuten, sondern auch ihre Plätze im Baum weiter bestätigen. Es wird auch ersichtlich, dass es noch weitere bisher unentdeckte Bilder geben könnte, da noch Plätze frei sind.

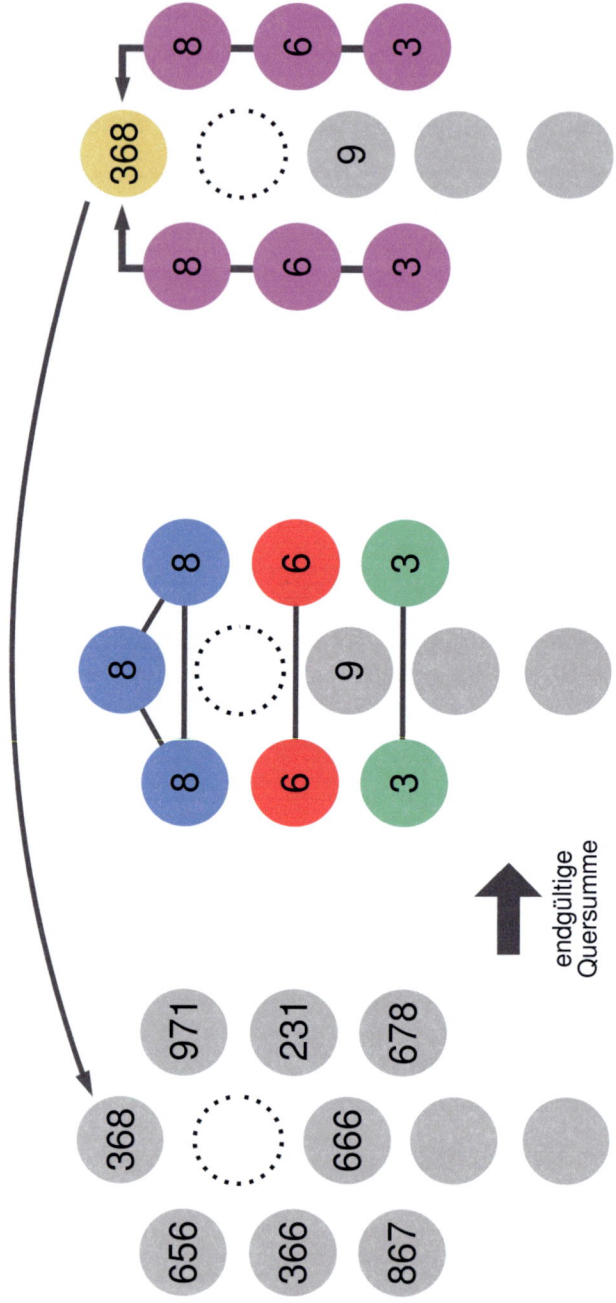

endgültige Quersumme

Pythagoras auf Platz 8

867 ist der Wert des Wortes *Tabnit* (התבנית) das als „Rahmen", „Form" oder „Konstruktion" übersetzt werden kann. Dabei deutet das Bild aus der 867 den „Satz des Pythagoras" an (Bild Seite 50), der sich mit einem rechten Winkel und einem Zirkel aus den Rohdaten des Bildes, den gelben Punkten, konstruieren lässt. Die Unterteilungen der schrägen Seite brauchen nicht in den Rohdaten enthalten zu sein, da sie eben mit einem Zirkel aus den gelben Punkten hinzu konstruierbar sind. Man beachte die ausgerichtete Lage der Form im Auge: Sie liegt nicht schief, sondern an zwei Seiten gerade.

Der Satz des Pythagoras, auch bekannt als die Formel $a^2 + b^2 = c^2$, besagt, dass die Fläche des Quadrates mit der Kantenlänge der schrägen Seite genauso groß ist, wie die Summe der Flächen der Quadrate an den beiden geraden Seiten. Das Bild 867 zeigt die kleinstmögliche Lösung mit ganzen Zahlen.

Kabbalistische Ideen von Platz 8 (siehe Bild Seite 46) sind Intellekt, systematisches Denken und Logik. Ich sehe darin einen Zusammenhang zu diesem Bild, unter anderem weil sich auf Pythagoras schließlich die Pythagoreer mit ihrer esoterischen Philosophie der Logik der Zahlen beriefen.

Winkelmaß und Zirkel sind, neben dem „heiligen Buch der ewigen Gesetzmäßigkeiten", auch die philosophischen Grundsymbole der *Freimaurer*, ein heutzutage existierender ethischer Bund, dessen

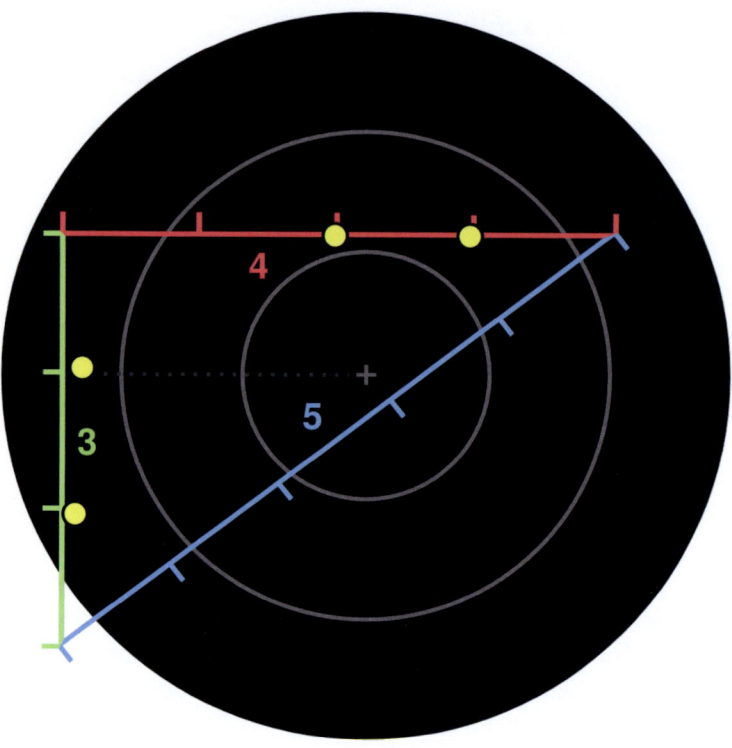

Ansichten sich in wichtigen Punkten mit denen des Pyhthagoreismus decken. Es gibt Stimmen, dass es da geschichtliche Zusammenhänge gäbe.

Bei den Freimaurern steht der *rechte* Winkel für die Treue zum Handlungsrahmen, den die *Rechte* des gesellschaftlichen Miteinanders vorgeben. „Rahmen" war ja oben eine mögliche Übersetzung für *Tabnit*.

Eine zum Platz 8 gehörige Gottheit ist der griechische Hermes, der neben anderem ein Gott der Redekunst, also der guten sprachlichen „Form"-ulierung war.

Hermes und der ägyptische Thot wurden durch in Ägypten ansässige Griechen zu *Hermes Trismegistos* verschmolzen und vermenschlicht. Von ihm glaubte man noch bis in die Neuzeit ab ca. 1500, daß er wirklich gelebt hatte. Z. B. die Neuplatoniker des 3. bis 6. Jh. führten in ihrem Glauben die Werke des Pythagoras (und auch Platons) auf Hermes Trismegistos zurück.

Während laut der Meinung einiger Historiker erst Pythagoras die mathematischen Gesetzmäßigkeiten 'seines' Satzes erkannte und ihn beweisen konnte, war das Prinzip auch schon lange vor der Zeit von Pythagoras in Ägypten und auch in Babylonien in Anwendung (ab der Hammurabi-Dynastie um 1680 v. Chr., Keilschrifttafel 85196 im Britischen Museum London). Pythagoras habe sich verschiedenen Berichten zu Folge in seiner Jugend (geboren um 570 v. Chr.) zu Studienzwecken dort aufgehalten, um sich mit den örtlichen religiösen Anschauungen und natur- wissenschaftlichen Kenntnissen vertraut zu machen. Daher nimmt man auch den Bezug zu Hermes Trismegistos.

Der große Wagen auf Platz 7

678 ist der Wert des Wortes „Triumphwagen" (Merkaba), wie es in Exodus 14:25 enthalten ist (מרכבתיו). Der Name des 7. Platzes im Lebensbaum ist „Sieg" (Triumph) oder „Ewigkeit" im Sinne von Kreislauf oder sich endlos drehen, wie z. B. ein Wagenrad. Mit Hitomi 678 sehen wir etwas wie das Sternbild *Großer Wagen*, denn während andere Sternbilder auf und unter gehen, dreht sich der große

Hitomi 678

Wagen immer sichtbar um den Himmelsnordpol. Das heißt, das Sternbild ist heute und von uns aus gesehen *zirkumpolar.*

Schon die Sumerer, zu deren Zeit so um 3000 v. Chr. der Große Wagen auch in deren Gebiet zirkumpolar war, sahen in seinen 7 Sternen einen Wagen. Er ist neben dem Orion das am besten sichtbare Sternbild.

Wenn wir den großen Wagen mit Hitomi 678 überlagern (siehe Bild[4] links), erhalten wir bis auf den aus der Reihe tanzenden Punkt am Ende der Deichsel eine nahezu perfekte Deckung.

Der gelbe Punkt nahe der Mitte ist das Wort „Kerubim" (את־הכרבים), die Engel, die das Paradies bewachen, damit der Mensch nicht vom Baum des Lebens essen kann, um ewig zu leben. Ewigkeit war ja eben das Thema von Platz 7. Ferner hat der große Wagen sogar in das Tarot-Kartenspiel Einzug erhalten, wo die 7. Karte „Der Wagen" ist. Für den zusätzlichen (kleineren) orangefarbenen Punkt nahe der Mitte habe ich noch keine Erklärung, es sind aber insgesamt auch 7 Punkte.

Die nordische Göttin Freya, unsere Venus, herrscht über den immer währenden Kreislauf von Leben und Tod. Dieser Eigenschaft nach kann sie dem Platz 7 zugeordnet werden. Der Sage nach hat sie einen Wagen, der von zwei schneeweißen Katzen gezogen wird. Katzen sind relativ kleine Tiere und man könnte sie als die beiden im Bild sichtbaren Sterne der Deichsel des großen Wagens identifizieren.

---

4 Sternenfoto im Hintergrund von Peter Wienerroither

Ok, jetzt haben wir zwei Hitomi-Bilder durch ihren Sinn und dem, was sie darstellen, im Zahlenbaum richtig positioniert. Es gibt aber neben der Sinnverwandtschaft noch einen etwas anders gearteten Ansatz, um die Richtigkeit der Platzierungen der Bilder im Baum zu untermauern, nämlich über so genannte Prüfsummen.

Prüfsummen

Prüfsumme bedeutet, es werden Zahlen addiert und das Endergebnis muss eine bestimmte Zahl sein. Stimmt diese nicht, war eine der addierten Zahlen fehlerhaft. Nun, die Autoren der Tora haben zwei solche Prüfsummen im Baum mit den Bildern vorgesehen.

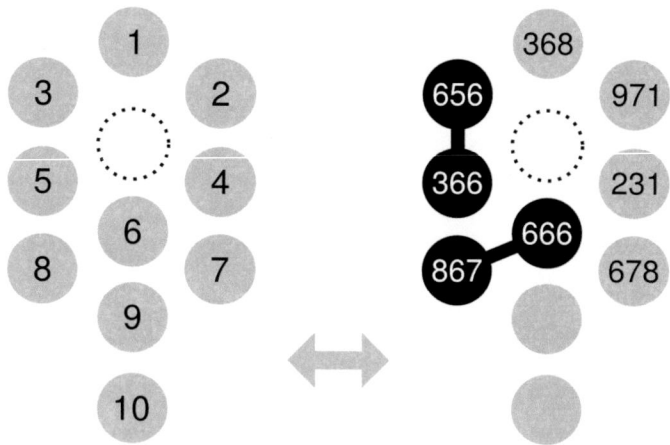

Die Äste im Lebensbaum tragen Namen. Wenn wir die bildgebenden Zahlen der Mitte und von Platz 8 addieren, also 666 und 867, erhalten wir 1533. Hoppla, das war doch die Zahl der Verse der Genesis! Die 1533

steht hier für das ganze Hitomi-Genesis-Auge aus drei Ringen. Und der Name des Astes, der die Mitte mit Platz 8 verbindet, IST „Auge" (עַיִן).

Damit rückt die 666, unser gleichseitiges Dreieck (Seite 91), unweigerlich in die Mitte, weil wir ja das Bild 867, also den Pythagoras, auf Platz 8 lokalisiert haben. In der Mitte liegt Platz 6 und die Dreieckszahl des Quadrates von 6 ist 666. Auch die 6 selbst und die 66 sind Dreieckszahlen. Alles Hinweise, dass die 666 und mit ihr das gleichseitige Dreieck wirklich auf Platz 6 gehören.

Aus der Betrachtung dieses Dreiecks als Diagramm der Jupiter-Saturn Begegnung in Kapitel 2 (Abschnitt „Mystische Astronomie?", Seite 32) war ersichtlich, dass es sich langsam dreht und so ein Symbol für die 4 Elemente darstellt. Diese Symbole liegen auf Abbildungen immer so, dass deren Spitze entweder nach oben oder nach unten deutet. Vereinigt man beide Varianten, den feurig luftigen Geist mit dem wässrig irdischen Körper, erhält man den sechs-zackigen Davidstern, das Siegel Salomos.

Unser Zentralstern Sonne war schon für die Erbauer des Zahlenbaumes zu dessen Mitte gehörig, denn diese und auch die Autoren der Tora wussten, oder vermuteten zumindest, dass die Sonne eben im Zentrum unseres Planetensystems steht (siehe Kapitel 5 Abschnitt „Die Zeitenwende" ab Seite 74).

Es gibt auch zwei inhaltlich identische Bibelverse, z.B. 1. Könige 10.14, in denen der eben erwähnte Salomo 666 Goldstücke bekommt, Gold, das alchemistische Metall der Sonne.

Im darauf folgenden Vers bekommt er noch die Steuern der Händler und Kaufleute hinzu. Also was addieren wir zur 666? Der Gott der Kaufleute bei den Griechen war Hermes, bei den Römern Merkur, die beide im Zahlenbaum traditionell zu Platz 8 gehören. Und weil wir vorhin die 867 ebenfalls auf Platz 8 gelegt haben, addieren wir 867. Das Ergebnis ist dann die Prüfsumme 1533, wie oben schon beschrieben.

Die zweite Prüfsumme

Wenn wir die bildgebenden Zahlen von Platz 3 und 5 addieren, also 656 und 366, erhalten wir 1022. Das hatten wir auch schon, nämlich sind das zwei Drittel der Genesis. Es bleibt noch ein Ring von 511 Versen nach außen, der wie eine Iris das Auge einfasst. Der Name des Pfades zwischen 3 und 5 ist „Zaun" (חית) und bedeutet auch Umfassen oder Einkreisen.

Wenn man sich auch immer noch um die Platzierungen streitet, ihnen Willkürlichkeit vorwirft oder sie als Zahlenspielerei abtut, finde ich schon allein die Tatsache, dass bei den eben vorgestellten Additionen hier unsere beliebten Versmaße der Genesis heraus kommen, höchst signifikant und für die Echtheit der Bilder sprechend.

Man kann zuerst die beiden an den Prüfsummen beteiligten Bildpaare entdecken, ihre Zahlen addieren und so auf die Prüfsummen kommen, oder nur jeweils eine der beiden Zahlen eines Paares als bildgebend erkennen und dann von der Verszahl der Genesis abziehen, so dass man die zweite Zahl erhält und dann nach einem Bild aus dieser Zahl schauen kann.

Kennt man den Platz von einem der beiden Bilder eines Paares im Baum und bemerkt die Identität zwischen der zum Paar gehörigen Prüfsumme und dem Namen des an diesen Platz anschließenden Astes, kann man den Platz des zweiten Bildes erschließen. Oder, hat man schon die Plätze der Bilder durch die im Anfang dieses Kapitels beschriebenen Quersummen-Methode (Bild Seite 48) eingekreist, findet man durch die Prüfsummen gute Bestätigung.

Die Krone des Baumes

An der Krone des Baumes ist traditionell der Neptun angesiedelt. Bei ihm dauert es 368 Tage, bis er und die Erde wieder im selben Winkel zueinander stehen. Berechnet man mittels Hitomi das Bild aus der 368, erhält man das Bild einer Krone. Genauer gesagt ein Diadem aus der schmucken Zacke eines Sterns und einem Band zum Binden um den Kopf (Bild nächste Seite).

Im Zentralen Vers der Tora, Levitikus 8.9, befestigt Moses „das leuchtende Ding", manchmal auch mit „Stern" übersetzt, am Turban des „Erleuchteten" (Aaron). Erstaunlich ist, wenn wir das Bild des Diadems viermal drehen und jedes mal auf sich selbst kopieren, fügt sich die Zacke in allen vier Himmelsrichtungen genau ineinander und wir sehen einen Stern (Bild nächte Seite).

Leider kann man Neptun nicht mit bloßem Auge sehen. Aber man kann seine Existenz, Umlaufdauer und Position aus Unregelmäßigkeiten in der Bahn des Uranus berechnen. Uranus ist der letzte Planet, der bei seiner

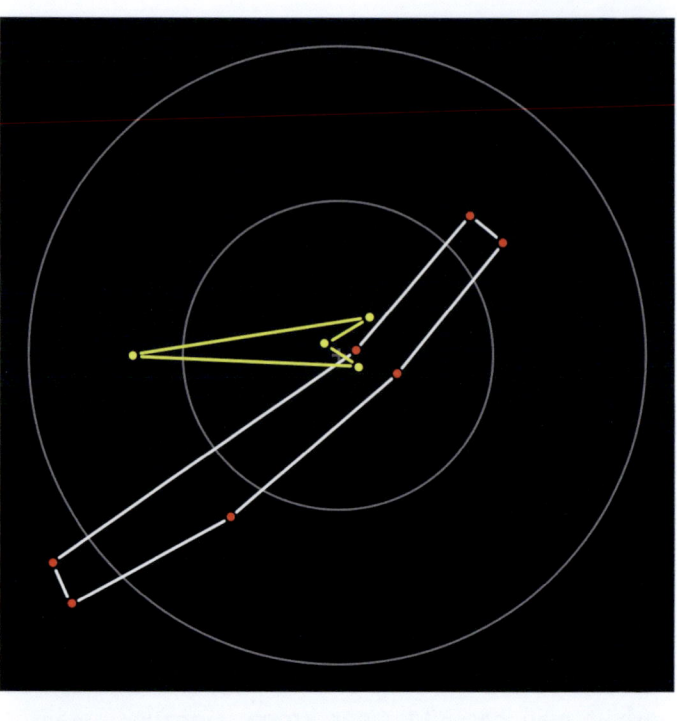
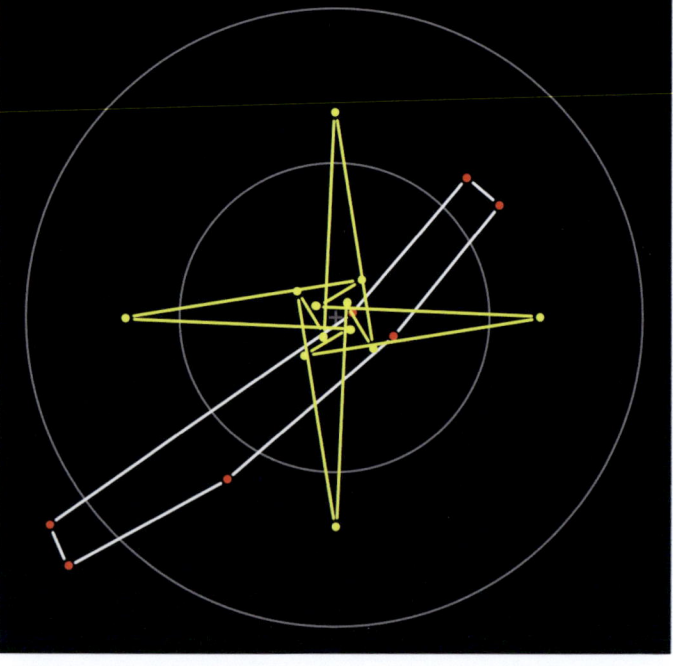

größten Helligkeit, wenn er von der Erde aus gesehen etwa gegenüber der Sonne steht, mit dem bloßen Auge gesehen werden kann. Die Autoren der Tora waren der Berechnung der Existenz des Neptun mächtig, da sie den Uranus gekannt haben, obwohl der eigentlich erst viel später in 1781 durch den englischen Astronomen William Herschel (wieder)entdeckt wurde.

368 ist die Quersumme des Wortes „Dunkelheit" (מחשך) sowie von „mit Blindheit" (בסנורים), denn erst wenn man die Quersummen der bildgebenden Zahlen in der linken oder rechten Spalte im Baum berechnet, zur 368 zusammenfasst (siehe Bild Seite 48) und die dann in Hitomi eingibt, kann man 'Neptun' durch das hitomische Auge sehen.

Das im zentralen Vers der Tora verwendete Wort für „Stern" hat als Zahl gelesen den Wert 1000. Bei Ptolemäus lesen wir in seinem Werk *Almagest* von gut 1000 benannten (gezählten) Sternen. 1000 ist der Wert des großen *Alef*, des hebräischen A, das traditionell mit der Krone des Baumes in Verbindung gebracht wird. Diese steht auch für die erste von 10 Stufen in der Erschaffung der Welt und das knüpft an die nächste Entdeckung.

4. Kapitel

Das Kalendersystem der Herrscher der Zeit

Zeit ist das, was ewig existiert, das aber im Augenblick niemand hat.

Time-Master-System

Was wissen Sie, seit wann unsere Zeitrechnung existiert? Halten Sie die Festsetzung unseres Jahres 1 für eine nach-christliche religiöse Idee? Ich verrate Ihnen, dass Sie sich irren: Der Zeitpunkt der Zeiten-wende schlummerte schon lange vor „Christus" in der Schublade der Autoren oder Redaktoren der Tora. Ich versuche Ihnen das in diesem und dem nächsten Kapitel in zwei Schritten nahe zu bringen.

Wegen dem von mir erdachten Titel scheint dieses Kapitel Fantasie zu sein, und was den Titel betrifft, so mag das auch stimmen. Aber es ist notwendig, als erstes die hier enthaltene Wirklichkeit zu erkennen, um dann die nächste Entdeckung zu verstehen, dass nämlich ein paar der Punkte in den Hitomi-Bildern aus Kapitel 2 in Verbindung mit dem hier gleich erklärten Kalendersystem auf gewisse Jahreszahlen deuten. Und zwar so, dass der Punkt der Zeiten-wende schon als die Tora geschrieben wurde geplant gewesen sein müsste. Oder die Tora wie wir sie kennen ist gar nicht so alt!

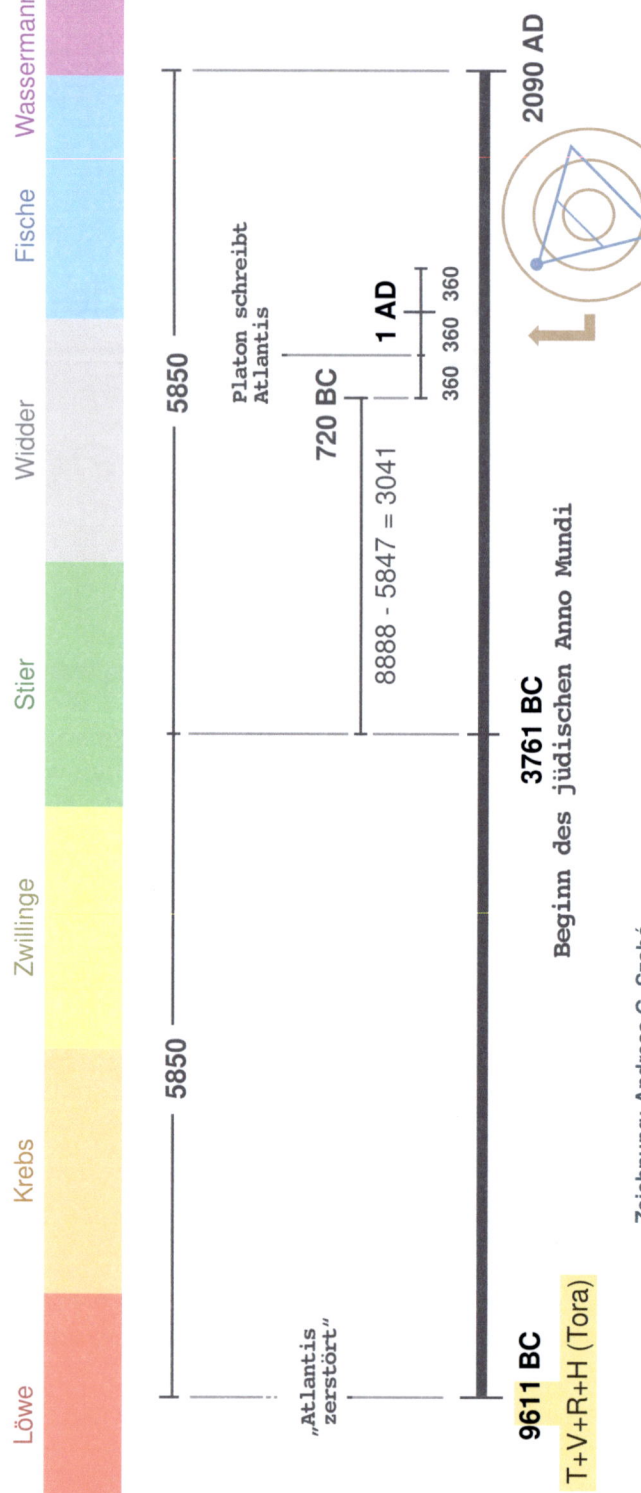

Löwe Krebs Zwillinge Stier Widder Fische Wassermann

5850

5850

Atlantis
zerstört"

Platon schreibt
Atlantis

8888 − 5847 = 3041

720 BC

1 AD

360 360 360

2090 AD

9611 BC
T+V+R+H (Tora)

3761 BC
Beginn des jüdischen Anno Mundi

Zeichnung: Andreas G. Szabó

Nach jüdischer Zeitrechnung fand die „Erschaffung der Welt" im Jahre 3761 vor Christus statt. Diese Zahl „errechnete" der jüdische Patriarch Hillel II. im Jahre 359 aus Zeitangaben in der Bibel. Es sind und waren aber nicht alle seiner Meinung. So kam z.B. Bischof James Ussher in 1650 beim Nachrechnen auf 4004 v. Chr.

Die Berechnung des Datums der „Weltschöpfung" aus der Bibel ist kompliziert. Ich zeige Ihnen in diesem Kapitel, dass 3761 v. Chr. zwar im Rahmen des Mythos richtig ist, dass aber der jüdische und der christliche Kalender auf eine ganz andere und sehr einfache Weise miteinander verknüpft sind. Dies erlaubt dann auch die Frage, wer diese Kalender wirklich bestimmt hat und wann. Bitte betrachten Sie das Bild links.

Der Hintergrund der beiden Kalender ist ein System von 11700 Jahren, gemacht aus zweimal dem an die Verszahl der Tora angelehnten Zeitmaß von 5850 Jahren, siehe Kapitel 1 Abschnitt „Noch mehr Zyklen" ab Seite 20. Wir starten am Beginn der jüdischen Zeitrechnung im Jahre 3761 v. Chr. und tragen von da aus einmal rückwärts und einmal vorwärts 5850 Jahre an.

Wenn wir das tun, reicht das System exakt zurück bis zum Jahr 9611 v. Chr. Hier ist ein erster Hinweis, dass wir etwas Richtiges gemacht haben, denn es ist eine gängige jüdische Praxis, in einer Datumsangabe die Tausender-stelle weg zu lassen, und die übrige 611 ist die Summe des Wortes „Tora" (תורה).

Vorwärts erstreckt sich das System bis zum Jahr 2090 AD. Das ist fast heute, verglichen mit den vollen 11700 Jahren des Systems.

Um 9600 v. Chr. ist nach Platon *Atlantis* untergegangen. Nach dieser Legende begann seit dem unsere 'neue' Kultur ... und existiert bis heute. Die 11700 Jahre können als symbolisches Zeitfenster der Geschichte unserer Zivilisation gesehen werden.

Es geht mir nicht darum, Atlantis als wahr hinzustellen. Wir wissen das nicht. Ich meine, dass es neben einer Legende auch eine zum Teil kryptische Schrift ist, deren Bedeutung ich hier ein bisschen aufdecken möchte.

Machen wir den nächsten Schritt. Aus Kapitel 1 wissen wir, das die Tora 5847 Verse haben muss. Aber, im *Talmud* in Traktat *Kidduschin* 30a (spätere Fassung) können wir lesen, dass die Tora 8888 Verse hätte. Wegen der großen Differenz ist klar, dass das kein Schreibfehler sein kann. Aber warum ist diese Differenz da?

Berechnen wir mal die Differenz: Es sind 3041 Verse. Und nun addieren wir diese Zahl der Verse als Jahre zum Datum 3761 v. Chr. Wir landen genau im Jahr 720 v. Chr.

360 Jahre später hat Platon seinen Atlantis-Bericht herausgegeben. Und weitere 360 Jahre danach begann unsere Jahreszählung ab dem Jahr 1. Nach Platon hatte Atlantis drei konzentrische Wasserringe, wobei einer davon ja wohl 360 Grad gehabt hätte, ähnlich zur Jahreszahl 360. Die drei Ringe von Atlantis erinnern an die drei konzentrischen Kreise oder Ringe der Hitomi Methode aus Kapitel 2. Und wenn 360 Grad Jahre wären, könnte da eine Verbindung zwischen einem Ring in der Hitomi-Methode und einer von drei aufeinander

folgenden Zeitspannen von 360 Jahren sein. Die Grade des innersten Ringes könnten sich auf die ersten 360 Jahre beziehen und so weiter (siehe Bild unten).

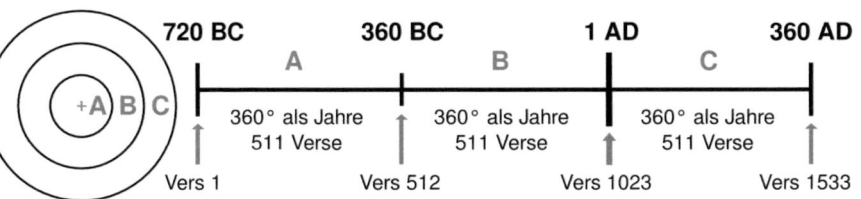

Ein Punkt in einem Hitomi-Bild ist ein Wort, das in einem Vers auf einem radialen Teil einer Speiche sitzt. Und während der Ring, welcher den Teil der Speiche enthält, eine Beziehung zu einer der Spannen von 360 Jahren haben könnte, könnte die Gradzahl, die aus der Speichennummer ableitbar ist, auf ein konkretes Jahresdatum innerhalb einer solchen Spanne deuten. Kurz gesagt, ein Punkt könnte auf ein Jahr von 720 v. Chr. bis 360 deuten.

Aber wenn es diese Beziehung in der Tora wirklich gibt, auf welche Jahre deuten die Punkte? Die Antwort auf diese Frage gebe ich im nächsten Kapitel.

Als nächstes möchte ich aber noch ein paar Dinge zum hier vorgestellten Kalendersystem notieren und dann noch Stellung zum Mayakalender nehmen.

Platon hatte Kontakt zu den Pythagoreern. Sein Dialog Timaios, in dem er Atlantis zum ersten Mal erwähnt, war stark von pythagoreischem Gedankengut beeinflusst.

Ähnlich zu den drei Wasserringen von Atlantis nach Platon sagt der *Sohar* (wichtige kabbalistische Schrift), dass sich das Auge, bzw. die Welt in drei Ringen um ihren Mittelpunkt ausbreitet. Beide, Platon und der Sohar sagen, dass das Ganze vom Ozean umgeben war/ist.

Im Jahre 359 (ich sage 360) legte, wie eingangs schon erwähnt, der jüdische Patriarch Hillel II. die Zählung der Jahre der „Jüdischen Weltära" (Anno Mundi) ab 3761 v. Chr. fest. Dabei veröffentlichte er auch die Regeln zur Berechnung des komplizierten jüdischen Kalenders, die bis zu dieser Zeit wegen der „Heiligkeit des Mondes" vom jüdischen Hohen Rat (Sanhedrin) als Geheimnis gehütet wurden.

Kurz nach 720 vor Christus reformierte *Numa Pompilius*, der legendäre zweite König von Rom nach Romulus, den altrömischen Kalender. Man sagt von ihm, er sei ein Schüler des Pythagoras gewesen, was aber zeitlich nicht ins übliche Bild passt. Weil er eine Legende ist, kann das Datum der Reformation eben so gut auch genau 720 vor Christus gewesen sein.

So gibt es hier also vielleicht durch Numa und Hillel noch zwei weitere Hinweise, dass die dreimal 360 Jahre um das Jahr 1 herum wichtig für das hier behandelte Kalendersystem sind.

Gut, was kann man noch über dieses System sagen? Nur so viel, dass die Welt weiter existieren wird, wenn das System endet. Es wird dann vielleicht ein anderes

System geben, oder gar keins. Was immer die „Herrscher der Zeit" mit ihrem Kalendersystem zu erreichen glaubten, ist jetzt vorbei.

Der Maya Kalender geht weiter

Bitte lassen Sie mich an dieser Stelle noch zwei Absätze über das Problem mit dem Mayakalender los werden. Dazu gibt es erstens zu sagen, dass er gar nicht so bald endet. Und zweitens, die Welt wird sowieso weiter existieren. Das „Ende" ist nichts weiter als dass im Jahr 2012 ganze 13 mal 144000 Tage vergangen sein werden, wobei die 13 hier nur rein spekulativ angebracht wurde. Tatsächlich zählten die Maya an dieser Stelle bis 20. Und für den Fall, dass wenn diese voll sein würden, hatten sie schon nochmal das 20-fache davon und davon nochmal das 20-fache und so weiter eingeplant. 144000 Tage nannten die Maya „Baktun" und das 20-fache davon ein „Pictun". Und darüber hinaus hatten sie weitere Namen für die noch viel größeren Zeiträume bis hin zu vielen Millionen Jahren.

Doch was sind eigentlich 144000 Tage für eine Größe? In der Bibel taucht diese Zahl ebenso auf. Daher möchte ich kurz los werden wie ich darüber denke. Jede „gute" Zahl im Kosmos stellt ein kleinstes gemeinsames Vielfaches von zwei oder mehr Einzelzyklen dar. Was sind die zyklischen Bestandteile von 144000 Tagen? Nun, als erstes fällt auf, daß diese Zahl wohl stark gerundet sein muss, also heilig gemacht, sprich idealisiert wurde. So suchte ich nach ebenfalls idealisierten Einzelzyklen darin und fand folgendes: 144000 ist das Produkt aus 360 und 400. 360 steht für 1 Jahr, während 400 - vergleiche Kapitel 1 ab Seite 15 - die Wiederkehr des Jupiter an den Nachthimmel meinen könnte. Denn diese dauert rund 399 Tage. Der exakte astronomische Zyklus welcher mit 144000 Tagen gemeint sein könnte, dauert demnach nicht 360 mal 400, sondern 365,25 mal 398,88 Tage. Spaßeshalber habe ich dieses dann noch mal 13 genommen, gemäß dem Aberglauben an die 13 mal 144000 Tage aus der Mayakalenderstory. Das Ergebnis hat mich verwundert: es ist genau ein Fünftel der Wiederkehr der astrologischen Zeitalter (Präzessions-zyklus), die in Abbildung „Time-Master-System" im Anfang dieses Kapitels auf Seite 62 eingezeichnet sind.

So, das war unsere Exkursion zum Mayakalender. Nun zurück zum verblüffenden „Time-Master-System"-Kalender der „Herrscher der Zeit", denn dazu ist längst noch nicht alles gesagt ... und das wird im nächsten Kapitel fortgesetzt.

Für Mathematiker

Hier folgt jetzt noch die genaue Mathematik hinter der Berechnung von Graden und Jahreszahlen aus einer Vers-/Speichennummer, die Sie aber getrost über-springen können, wenn Sie möchten.

In der Benennung der Jahre mit „vor Christus" und „nach Christus" gibt/gab es kein Jahr 0. Auf 1 vor Christus folgt direkt 1 nach Christus. Das müssen wir berücksichtigen. Und da wir pro 360 Grad/Jahren nicht auch ebensoviele Verse/Speichen haben, sondern 511 Verse/Speichen, müssen wir diese umrechnen. Dabei beginnt die Zählung der Verse und Speichen bei 1, die Zählung der Grade aber bei 0, so dass Speiche 1 nicht 1 Grad ist, sondern 0 Grad. Hier ist die Formel um aus einer Speichennummer eine Gradzahl zu gewinnen:

$$Grad = \frac{360 \times (Speiche - 1)}{511}$$

Wir wollen aber von einer Versnummer ausgehen und daraus die Speiche, dann die Gradzahl und schließlich das Jahr errechnen. Für die Speiche müssen wir zuerst von der Versnummer die Speichenzahl der schon in die Zahl der vorangehenden Verse passenden Ringe abziehen: Wenn die Versnummer 1 ist, brauchen wir noch nichts abziehen, da noch keine Ringe voll geworden sind. Ab der Versnummer 512 ist schon 1 Ring vergangen und wir ziehen 511 ab. Und beginnend beim Vers 1023 müssen wir 1022 weg rechnen.

Jetzt haben wir die Nummer der Speiche auf der der gewünschte Vers liegt. Um daraus die Gradzahl 0 bis 360 zu gewinnen, müssen wir im ersten Schritt 1 abziehen um mit den bei 0 beginnenden Graden konform zu sein. Dann kommt ein Dreisatz, um die Größenordnung der Speichen in jene der Grade umzurechnen. Die Speichennummer wird dabei mit 360 multipliziert und durch die Speichenzahl eines Ringes, also durch 511, dividiert.

Zuletzt müssen wir das Ergebnis abrunden und es dann in die zu der Ringnummer des Ausgangsverses passende Zeitspanne hinein nehmen. Die Zählung der Jahre beginnt bei 720 v. Chr. für den innersten Ring, bei 360 v. Chr. für den mittleren Ring und bei 1 n. Chr. für den äußeren Ring. Die Formeln für jeden Ring sind:

$$Jahr = 360 - \left\lfloor \frac{360 \times (Vers - 511 - 1)}{511} \right\rfloor$$

$$Jahr = 720 - \left\lfloor \frac{360 \times (Vers - 1)}{511} \right\rfloor$$

$$Jahr = \quad 1 + \left\lfloor \frac{360 \times (Vers - 1022 - 1)}{511} \right\rfloor$$

Und hier ein Beispiel: Vers 2 liegt auf Speiche 2 im innersten Ring. Wir rechnen als Erstes die Gradzahl aus. Die Formel lautet: 360° * (Speiche - 1) / 511. Wir setzen als Speiche die 2 ein und erhalten: 360° * (2 - 1) / 511 = 0,7°. Das heißt, Speiche 2 im innersten Ring deutet auf das 0,7te Jahr nach 720 v. Chr. Das Jahr wird aber immer *abgerundet*, weil man zu einem Datum nach der Mitte eines Jahres, z. B. in 720 vor Christus, immer noch 720 vor Christus sagt. Das Ergebnis für Vers 2 ist also das Jahr 720 - 0 = 720 v. Chr.

Machen wir das gleiche mit Vers 3: 360° * (3 - 1) / 511 = 1,4° und macht abgerundet 1 Jahr, das vergangen ist. Und da wir uns im innersten Ring befinden, der bei 720 v. Chr. beginnt, ziehen wir das 1 Jahr von 720 ab und das ist dann das Jahr 619 v. Chr.

Jetzt das gleiche mit den beiden Versen, welche direkt um die Zeiten-wende sitzen: Vers 1022, der auf der letzten Speiche (511) des mittleren Ringes liegt, ergibt 360 * (511 - 1) / 511 = 359,3° und wir rechnen ihn als

Jahr 360 - 359 = 1 vor Christus. Und Vers Nummer 1023, der auf der ersten Speiche (1) des äußersten Rings liegt, ergibt 360 * (1 - 1) / 511 = 0°, also das Jahr 1 + 0 = 1.

Und noch ein Beispiel mit einem Vers nahe dem Ende des mittleren Ringes: Vers 1014, der auf Speiche 503 des mittleren Ringes liegt, ergibt bei 360° * (503 - 1) / 511 = 353,66° und wird demnach als das Jahr 360 - 353 = 7 vor Christus gerechnet.

5. Kapitel

Fixierte Zeitpunkte

In diesem Kapitel verrate ich unter anderem, wie die Redaktoren der Tora graphisch eine Planetenstellung in die Genesis hinein kodiert haben, um einen auf den Tag exakten Zeitpunkt zu markieren. Darüber hinaus sind noch weitere Zeitpunkte markiert, allerdings nur als Jahre.

Wir haben in Kapitel 2 (Seite 25) gesehen, daß die Punkte welche im dortigen Hitomi-Verfahren ein Bild ergeben, Worte sind, die in bestimmten Versen der Genesis liegen. Und aus Kapitel 4 (Seite 61) wissen wir, daß es einen Zusammenhang zwischen einem Vers der Genesis und einer Jahreszahl geben könnte, so daß ein Punkt auf eine Jahreszahl deutet. Hier möchte ich nun bestätigen, daß dem tatsächlich so ist, wenn auch nur in Ausnahmefällen.

Vergegenwärtigen wir uns nochmal kurz wie der Zusammenhang funktioniert: ein Punkt, also ein Wort, liegt in einem Vers der Genesis, der wiederum auf einer Speiche in einem von drei konzentrischen Ringen liegt. Der jeweilige Ring (Innen, Mitte, Außen) entspricht einer von drei auf einander folgenden Zeitspannen je 360 Jahren ab 720 vor Christus und die Gradzahl (welche aus der Speichennummer errechnet wird) einem Datum in der jeweiligen Spanne.

Die Zeitenwende

Die Hitomi-Methode (Kapitel 2) mit der gesuchten Zahl 231 ergibt etwas, das ich anfangs nur für einen Zirkel gehalten habe (Bild Seite 91). Nach der Entdeckung des oben und in Kapitel 4 beschriebenen Zeit-Punkte Verfahrens sah ich aber auch, dass der Scheitelpunkt des Zirkels auf das Jahr 7 v. Chr. verweist. In diesem Jahr gab es ein sehr seltenes dreifaches Aufei-nandertreffen (Konjunktion) von Jupiter und Saturn im Sternbild Fische, welches einige Historiker seit 1965 durch Konradin Ferrari d'Occhieppo für den „Stern von Bethlehem" halten. Dreifaches Aufeinandertreffen bedeutet, die Planeten begegnen sich und entfernen sich voneinander und begegnen sich wieder, so das insgesamt drei sehr nahe Annäherungen auftreten. Bei Jupiter und Saturn kommt dieses im selben Sternbild nur etwa alle 854 Jahre vor. Schon Kepler war eine solche Begegnung im Jahre 1604 aufgefallen. Er rechnete zurück und fand heraus, daß sie auch 7 v. Chr. stattgefunden hat. Ob sie aber einen „Stern von Bethlehem" abgegeben hat, ist fraglich, da sich die beiden Planeten nicht gänzlich gedeckt haben und in der Bibel nichts von zwei Sternen steht, sondern nur von einem. Wie dem auch sei, hier geht es natürlich darum, daß auch die Autoren oder Redaktoren der Tora diese Konjunktion kannten und – evtl. als astronomische Markierung der Zeiten-wende oder als einen Aufhänger für die Christus-Idee - mit der Hitomi-Methode in die Tora fixiert hatten. Also weiter.

Mit einem Zirkel kann man Kreise machen. Dieser Gedanke brachte mich auf die Idee, ausgehend vom Scheitelpunkt des Zirkels Kreise durch die übrigen Punkte zu ziehen. Das Ergebnis erkannte ich richtig als heliozentrische (!) Planetenbahnen und dann die Punkte darauf als Himmelskörper in der Stellung der besagten seltenen Jupiter-Saturn Konjunktion in 7 v. Chr. von oben gesehen.

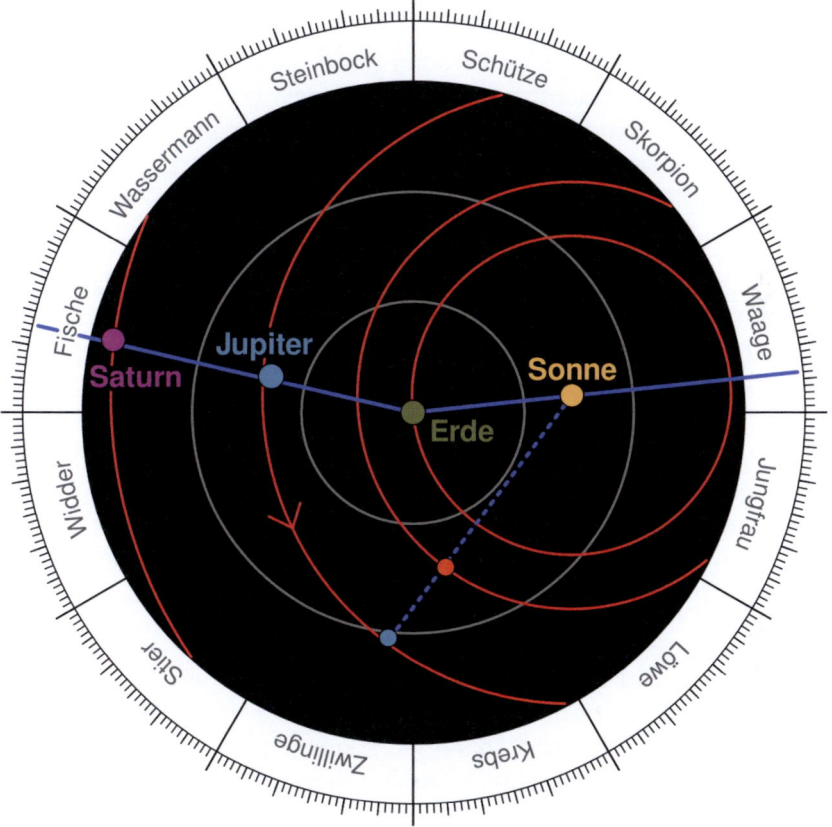

Die Bahnen (rote Kreise) der Planeten verhalten sich zueinander nicht wie in Wirklichkeit, sondern wie der goldene Schnitt (ab der Erdumlaufbahn nach außen, siehe Bild), was allerdings auch beachtlich ist.

Doch Moment: war die Heliozentrik nicht erst seit Nikolaus Kopernikus 1473-1543 bekannt? Die Wenigsten scheinen zu wissen, daß der 310 v. Chr. auf der Insel Samos geborene griechische Gelehrte Aristarchos damals schon die Auffassung vertrat, daß die Erde eine Kugel sei und um die Sonne kreise. Seleukos von Seleukia (* um 190 v. Chr.), auch manchmal Seleukos *von Babylon* genannt, veröffentlichte dann später eine Schrift, in der er das Heliozentrische Weltbild, das Aristarchos von Samos entwickelt hatte, verteidigte. Ich versuche hier zu erklären, daß auch die Autoren der Tora dieses Weltbild kannten.

Ich habe nicht gesucht, bis ich ein zu den Planetenwinkeln passendes Bild fand, sondern die Entdeckung des Bildes 231 mit der vermeintlichen Konjunktion erfolgte als Vermutung BEVOR ich die Stellungen der Planeten darin mit den tatsächlichen verglich. Astronomen haben mir dann die Daten[5] geliefert um dieses Bild zu bestätigen und es wurde dadurch bestätigt. Ich habe kein weiteres Bild mit den Daten verglichen, also nicht gesucht bis ich etwas passendes gefunden hätte.

Die 0° Marke befindet sich ganz links im Bild und es sind um die Erde in der Mitte gegen den Uhrzeigersinn Jupiter, Saturn und Sonne ganz knapp an der richtigen Gradposition dargestellt: Jupiter und Saturn stehen bei rund 346° in den Fischen – nur 1° Abweichung von den Daten aus den Astronomieprogrammen - und die Sonne bei etwa 186° in der Waage, entsprechend dem Stand am 1. Oktober in 7 v. Chr. etwa um 9:20 Uhr. Auf die Uhrzeit würde ich mich aber nicht verlassen und auch

---

5   http://www.torakosmos.de/jup-sat-konj.txt

beim Tag gab es in diversen Astronomieprogrammen Unterschiede von +/- 1, was etwa einem Grad entspricht. Man kann sagen, das kosmische Ereignis war in der Nacht vom 31. September zum 1. Oktober am Besten in sichtbar.

Die zusätzliche Besonderheit des Sonne-Punktes (Scheitelpunkt des Zirkels) ist, wie schon erwähnt, daß er das Jahr 7 v. Chr. markiert. Und der Ausdruck, welcher den Wert 231 hat und diesen Punkt bildet, im hebräischen ein Wort, ist „und sei REIN" (והטההרו). Nun hat diesen Wert auch das Wort „Name" in griechisch (ovoµa), wie es zum ersten mal im *neuen* Testament in Vers Matthäus 1:21 vor kommt.

Das heißt nicht, das neue Testament hätte schon zur Zeit der Tora existiert. Es ist nur so, daß die griechischen Worte da schon bestanden haben. Der Vers lautet:

„Sie wird aber einen Sohn gebären, und du sollst ihm den Namen Jesus geben; denn er wird sein Volk retten von ihren Sünden."

Daraus folgt, das „und sei rein" könnte etwas mit Jesus zu tun haben, mit dem Mythos, nicht mit einer Person wohlgemerkt. Es ist also vielleicht gar nicht so falsch, den Sonne-Punkt in 7 v. Chr. und die Planetenbegegnung als wichtige Markierung für das ganze Christuskonzept anzusehen.

Das Sternbild Fische, in dem die Begegnung statt fand, wird mit den letzten 2000 Jahren zwischen „Christi Geburt" und heute in Verbindung gebracht. Das war das Fische-Zeitalter, vergleiche das „Time-Master-System" Diagramm in Kapitel 4 auf Seite 62. Nicht umsonst war der Fisch ein geheimes Erkennungszeichen der frühen Christen untereinander. So ist es heute in Gebrauch:

Die griechischen Buchstaben lauten „Ichthys", das griechische Wort für Fisch. Es ist hier auch die Abkürzung für das kurz zusammengefasste Glaubensbekenntnis „Iēsous **Christós** Theoú Hyiós Sōtér". Das bedeutet „Jesus Christus Gottes Sohn Erlöser".

Zur Deutung der Planetenbegegnung braucht es keine Astrologie. Zumindest keine, die auf Vorhersagen ausgerichtet ist. Wir können aber aus der Astrologie die Symbolik der Beziehungen zwischen den Planeten und Zeichen entlehnen. Wir haben dann bloß noch so eine Art psychologisches Konzept in den Kleidern des Wissens unserer Ahnen. Dieses Wissen ist sehr alt und galt in Teilen und ähnlicher Weise auch schon zur Zeit der Tora.

Saturn im Sternzeichen Fische gibt die Möglichkeit, den Jammer der ganzen Menschheit aufzunehmen. Eigenes Leid genügt hier nicht und es wird bereitwillig das Leid anderer aufgenommen. Das Christuskonzept sieht vor, daß Jesus sich für die Menschheit opferte, um sie von ihrer Schuld und ihrem Leiden zu erlösen. Saturn in den Fischen steht auch für die Suche nach Halt im Glauben. Auch Jupiter in den Fischen weist Aspekte von Hilfs- und Opferbereitschaft, sowie ein tiefes Empfinden für Glauben auf. Aber auch für Kunst und Mystik.

Saturn an sich, griechisch Chronos (Χρόνος, Zeit), herrscht über die Grenzen der Lebensspanne, also über Geburt und Tod. Im Kontext repräsentiert er Israel und war dessen Beschützer. Jupiter galt schon den Babyloniern uns später den Israeliten als Königsstern. In diesem Zusammenhang kann die Begegnung der beiden Planeten als die Geburt eines mächtigen Königs in Israel gedeutet werden.

Die Sonne in der Waage überlässt Entscheidungen gern *dem anderen.* So heißt es doch ganz trefflich im Vater Unser: **„Dein** Wille geschehe". Das heißt, die Entscheidung wird jemand anderem überlassen, in dem Fall „Gott". Oder vielleicht auch (einem) anderen Menschen; einer Autorität.

Bitte sehen Sie nochmal auf das Bild mit den Planeten (oben). Es sind neben Jupiter, Saturn und Sonne (und Erde) noch weitere Stellen vermerkt. Damit hat es folgende Bewandtnis: Der rote Punkt stellt den Mars (das ist nicht seine tatsächliche Position) in Konjunktion mit dem Jupiter dar. Jupiter benötigt für die mit dem roten Pfeil gekennzeichnete Strecke exakt so viele Tage wie der Mars für eine Umkreisung der Sonne. Durch die Wiederholung des Jupiter im jeweils gleichen Abstand zum Sonne-Punkt und das Vorhandensein des Mars auf der Linie von A zur Sonne wird versichert, daß es sich beim Sonne-Punkt tatsächlich um eine Mitte handelt.

Auch die bildgebende Zahl 231 ist in sich durch die Kabbala ein Hinweis auf einen Kreis, denn im Sefer Jezira Kapitel 2.4 steht: *„Zweiundzwanzig Grundbuchstaben: sie sind in der Art einer MAUER IM KREIS gebettet, an 231 Pforten..."* Das heißt, nach dem Sefer Jezira sind die 22 Buchstaben des hebräischen Alphabets im Kreis angeordnet und jeder ist mit jedem durch eine „Pforte" verbunden. Das ergibt 231 „Pforten".

Angesichts all dieser Übereinstimmungen und der klaren Indentifizierung eines Punktes mit einem Datum, können wir uns auf die Suche nach weiteren Zeit-Punkten machen.

Die frühe Kirche

Unter all den Punkten in den Hitomi-Bildern hätte ich da noch zwei weitere Kandidaten für markierte Jahreszahlen und Ereignisse. Beide Zeit-Punkte befinden sich im selben Bild, nämlich in dem des gleichseitigen Dreiecks aus Kapitel 2 (siehe Bilder Seite 90 / 91). die Zeitpunkte und Ereignisse wären die Jahre 31 AD und die Kreuzigung Christi, sowie 322 AD und der Bau der Grabeskirche des Petrus.

Unter den Historikern herrscht Uneinigkeit über die genauen Jahreszahlen dieser Ereignisse. Ihre Angaben weichen um zwei bis drei Jahre voneinander ab. Ich behaupte, mit dieser Zeit-Punkte Umrechnung ist sehr sicher angezeigt, wann das jeweils richtige Datum ist.

Im Detail: der im Bild des gleichseitigen Dreiecks abseits liegende gelbe Punkt (siehe Bilder Seite 90 / 91) markiert das Jahr 31 AD, wo Jesus gekreuzigt und dadurch der Apostel Simon Petrus der Sage nach erster Papst, also der erste Stellvertreter Christi auf Erden wurde.

Petrus hat Jesus abgelöst. In Matthäus 16:18 sagt Jesus: „Du bist Petrus, der Fels, und auf diesen Felsen will ich meine Kirche bauen." Das ist interpretierbar mit der Kirche als Symbol für die Masse der Gläubigen. Aber nichts desto Trotz deutet die Spitze des Dreiecks auf das Jahr 322 AD, in welchem durch Kaiser Konstantin I. die Grabeskirche „Alt St. Peter", der Vorgängerbau des Petersdoms im Vatikan an der vermuteten Stelle des Grabes von Petrus errichtet wurde. Hier wird also tatsächlich eine Kirche auf Petrus gebaut, respektive auf seinem Grab. Das ist aber die Katholische.

Vergleiche Seite 37: Die Spitze des Dreiecks „liegt in Christus" und enthält ein Geheimnis, hebräisch *Sod*.

Der Wortstamm von *Sod* (סוד) ist das Verb *jesad* (יסד), das bedeutet *Grund legen*. Oder als Substantiv *Jesod* (יסוד) bedeutet es *Fundament*. Die Spitze des Dreiecks versinnbildlicht den Fels Petrus und in Christus liegt also im weiteren Sinne der Grund oder das Fundament, so wie es auch mit den Versen *1. Korinther 3,10-11* durch den Apostels Paulus ausgesagt wird:

„Der Gnade Gottes entsprechend, die mir geschenkt wurde, habe ich wie ein weiser Baumeister den Grund gelegt; ein anderer baut darauf weiter. Aber jeder soll

darauf achten, wie er weiter baut. Denn einen anderen Grund kann niemand legen als den, der gelegt ist, welcher ist Jesus Christus."

Einige Versionen des neuen Testaments haben anstelle dem Wort „Grund" das Wort „Fundament".

Addiert man alle 7 lateinischen Zahlenzeichen, erhält man 1666. In diesem *Jahr* wurde der Papst-Thron, die *Cathedra Petrii* im Petersdom im Vatikan fertiggestellt. Der Baubeginn war im Jahr 1656.

6. Kapitel

Ich brauche mehr Details

Der Tora aroT Code

Was der Bibelcode ist, wurde in Kapitel 2 ab Seite 42 erklärt. Leider leitet man daraus für gewöhnlich großartige Vorsehungen und Prophetien ab, von denen ich mich hier strikt distanzieren möchte. Es gibt keinen solchen aufgeblasenen Bibelcode, nur einen kleinen *Toracode*, und ohne prophetische Dimension. Ich stelle ihn hier kurz vor, um anschließend seinen Bezug zum Torakosmos aufzudecken.

In den Anfang und das Ende von Genesis und Exodus finden wir das Wort „Tora" mit einem Buchstabenabstand von 50 Buchstaben hineingewoben. In Numeri und Deuteronomium haben wir ähnliches, nur gespiegelt: „aroT". Außerdem beträgt im Deuteronomium der Buchstabenabstand nur 49 Buchstaben.

Die Intervalle 49 und 50 sind zusammen 99 und können jeweils als halber Oktaeteris mit 49 bis 50 Monden aufgefasst werden. So zählten z.B. die alten Griechen zwischen zwei Olympiaden immer 50 Monde, nicht 4 Jahre. Analog dazu hatte die Mondgöttin Selena 50 Töchter.

Wenn wir alle Intervalle welche die Worte „Tora" und „aroT" bilden addieren, das sind 6 mal 50 und 2 mal 49, gelangen wir zu 398 Monden. Das sind rund 4 mal der Oktaeteris oder rund *zwei mal die Tora* (vergleiche Kapitel 1 und 4).

Im mittleren Buch, dem Levitikus, finden wir kein Wort „Tora", sondern viermal das Wort „Jehowa", und zwar mit den Buchstabenabständen von 8, 13, 21 und 34 Buchstaben. Die Summe dieses Teiles der sogenannten *Fibonacci-Zahlenreihe*, die den goldenen Schnitt *Phi* beschreibt, ist 76.

76 Jahre alt ist Abrams Frau Sarai in Vers 398 (Genesis 16:16). Ihr Alter steht da zwar nicht in dem Vers, aber Abram ist da 86 Jahre alt und daß Sarai 10 Jahre jünger ist, können wir aus Genesis Kapitel 17 schließen. Denn dort bezeichnet Abraham sich als 100 und Sara (sie wird dort umbenannt) damit im Zusammenhang als 90 Jahre.

Die Buchstabenintervalle, welche die Worte „Tora", „Jehowa" und „aroT" bilden, deuten also alle auf den Vers oder die Zahl 398. Direkt nach dem Vers beginnt das Kapitel 17 der Genesis, dessen Besonderheiten schon in Kapitel 1 ab Seite 15 beschrieben sind.

Gemessen an der Genesis

Die 398 birgt aber auch selbst schon ein Geheimnis. Denn sie ist eine *idealisierte* (abgerundete) Wiederkehrdauer des Jupiter in Tagen und steht hier gleichzeitig auch für Monde (siehe oben). Man kann das so sehen, daß hier Monde mit Jupiter multipliziert werden sollen. Tun wir dies, erhalten wir dabei einen idealisierten Zeitraum, nach dem die beiden sich zur selben Mondphase wieder begegnen. Die Zahl der Tage aus dieser Formel ist 11753.

In 11753 Tage passt genau 7 mal die Genesis mit 1533 Versen und einmal noch zwei Drittel der Genesis mit 1022 Versen. Wir kennen diese Zahlen schon aus Kapitel 2 und 3 dieses Buches.

1533 plus 1022 sind 2555. Genau so viele Tage haben 7 Jahre und so lange dauert der Regenerationszyklus aller Zellen eines Menschen. Und wenn am 1. Tag ein Neumond ist, sieht man am 2555ten Tag den Vollmond nach 86 Neumondzyklen. 86 ist das Alter Abrams bei der Geburt Ismaels in Vers 398 und die Quersumme des Wortes „Gott" (Elohim).

Saturn und Mars

In Vers 2201, Exodus 25:8, haben wir Vollmond nach 74 Phasenzyklen und eine Begegnung von Saturn und Mars. Mit Vers 2201 beginnt die Textpassage in der dem Gott das Heiligtum mit der Bundeslade errichtet werden soll. Das ist auf den ersten Blick nicht so besonders, aber die 74 Monde sind ein diskreter Hinweis, daß die Geburt von Esau und *Jakob* (später genannt *Israel*) mit der Erbauung des Heiligtums in Beziehung steht. Denn:

In Genesis Kapitel 17 Vers 1 scheint der Vollmond nach 13 Phasenzyklen und Ismael ist zu diesem Zeitpunkt 13 Jahre alt. Um genau zu sein lesen wir in Vers 1, dass Abram 99 Jahre alt ist, und in den Versen 24-26, dass

Ismael mit 13 Jahren noch am selben Tag beschnitten wird, also daß er zu eben diesem Vollmond 13 Jahre alt ist.

Und weiter: aus Vers 17:21 geht hervor, dass Isaak ein Jahr später geboren wird. Und wenn Monde Jahre sind, erblickt Isaak zum Vollmond nach 13+1=14 Phasenzyklen das Licht der Welt. Und beim Vollmond nach 74 Phasenzyklen, der in Vers 2201 auftritt, wird er demnach 60 Jahre alt sein. Schließlich, in Kapitel 25 Vers 26 lesen wir, das Isaak 60 ist bei der Geburt seiner Söhne Esau und Jakob.

Zwei Verse nach 25:26 liegt Vers 687, das ist die Dauer eines Mars-Jahres in Tagen. Esau ist rötlich, was auch ein Hinweis auf den Mars sein könnte. Und wenn der Mond wie eben berechnet mit Isaak in Verbindung steht, könnte sich der Saturn noch auf Jakob beziehen.

Esau war ein Kämpfer und Mars war der Gott des Krieges. Jakob wird später Israel genannt und auch Saturn wurde mit Israel in Verbindung gebracht.

Mystiker sagen, Mars hätte das Potential, Saturn umzukehren und tatsächlich verkauft Esau sein Erstgeburtsrecht für eine Linsensuppe an Jakob und kehrt damit die Ordnung um. Es passt so, daß neben dem Vers 2201 auch die Umkehr davon interessant ist, nämlich Vers 1022, Genesis 35:10. Darin wird Jakob zu „Israel" umgetauft.

Jahr und Tag

Das Bild aus der Zahl 971 (Seite 90 / 91) zeigt eine schräge Linie, deren maßgebliche Punkte auf der 98sten und 99sten Speiche liegen. Wir erinnern uns: die Gesamtzahl der Tora-Verse fasst zweimal 99 Neumondzyklen. Die Linie hier steht daher vielleicht irgendwie in Analogie dazu.

971 ist die Addition der Quersummen der Worte „Jahr" (שנה) und „Tag" (יום). Das untermauert die Idee, daß es sich bei der schrägen Linie um einen Zeitmaß-Stab handelt.

Auffällig ist, daß dieser Stab um zwei weitere Ringe in den Exodus hinein ragt. Damit brechen wir die Regel, daß es nur die Genesis ist, welche Bilder enthält. Das Wort in der Mitte des Stabes ist „nach Ägypten". Die Zeitlinie führt uns also vom Standpunkt in der Bildmitte bis nach Ägypten in der Mitte des Stabes hinein und von dort aus wieder daraus heraus in den Exodus hinein. Nein, das obere Ende des Stabes *symbolisiert* den Exodus, den Auszug aus Ägypten.

Es war Aarons Stab, der in Exodus 7:12 die Stäbe der Priester des Pharao „verschlang". Denn das besondere an dem 2 mal 99 Monde messenden Zeitraum ist ja, dass er viele andere Zyklen oder 'kleinere Stäbe' auf das Maß genau 'verschluckt' hat.

Jahr und Tag heißt auch, daß Ganzheit erst dann erreicht ist, wenn die Tora der Tage auch als Tora der Jahre gezählt wird. Ins besondere aber ist es ein Hinweis auf Vers 366 der Tora, „kannst Du die Sterne zählen?", denn 1 Jahr plus 1 Tag sind 366 Tage, das Wissen um das Schaltjahr zur genauen Zeitmessung. Dadurch ist alles was hier geschrieben wurde nochmal bestätigt.

Ende

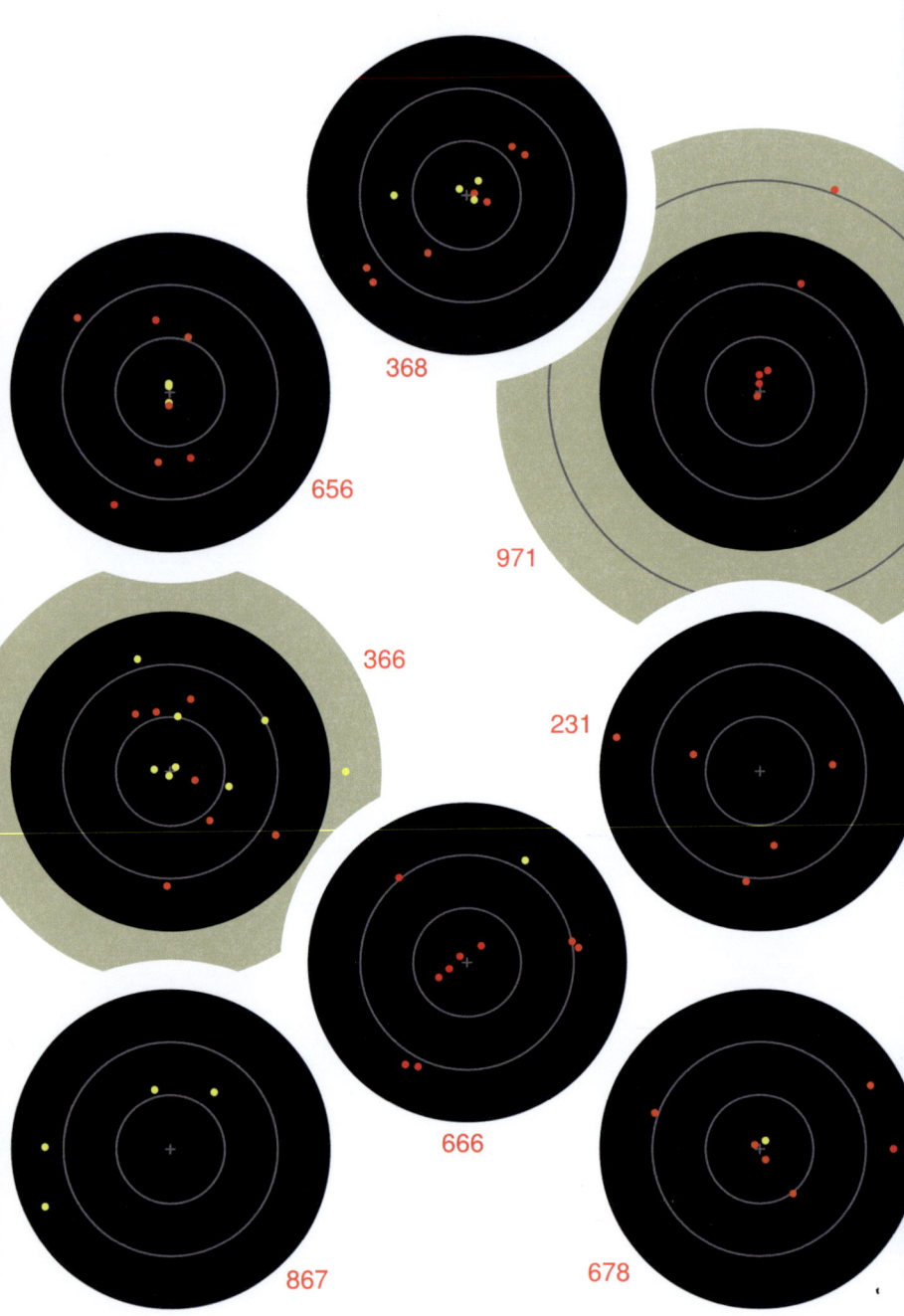

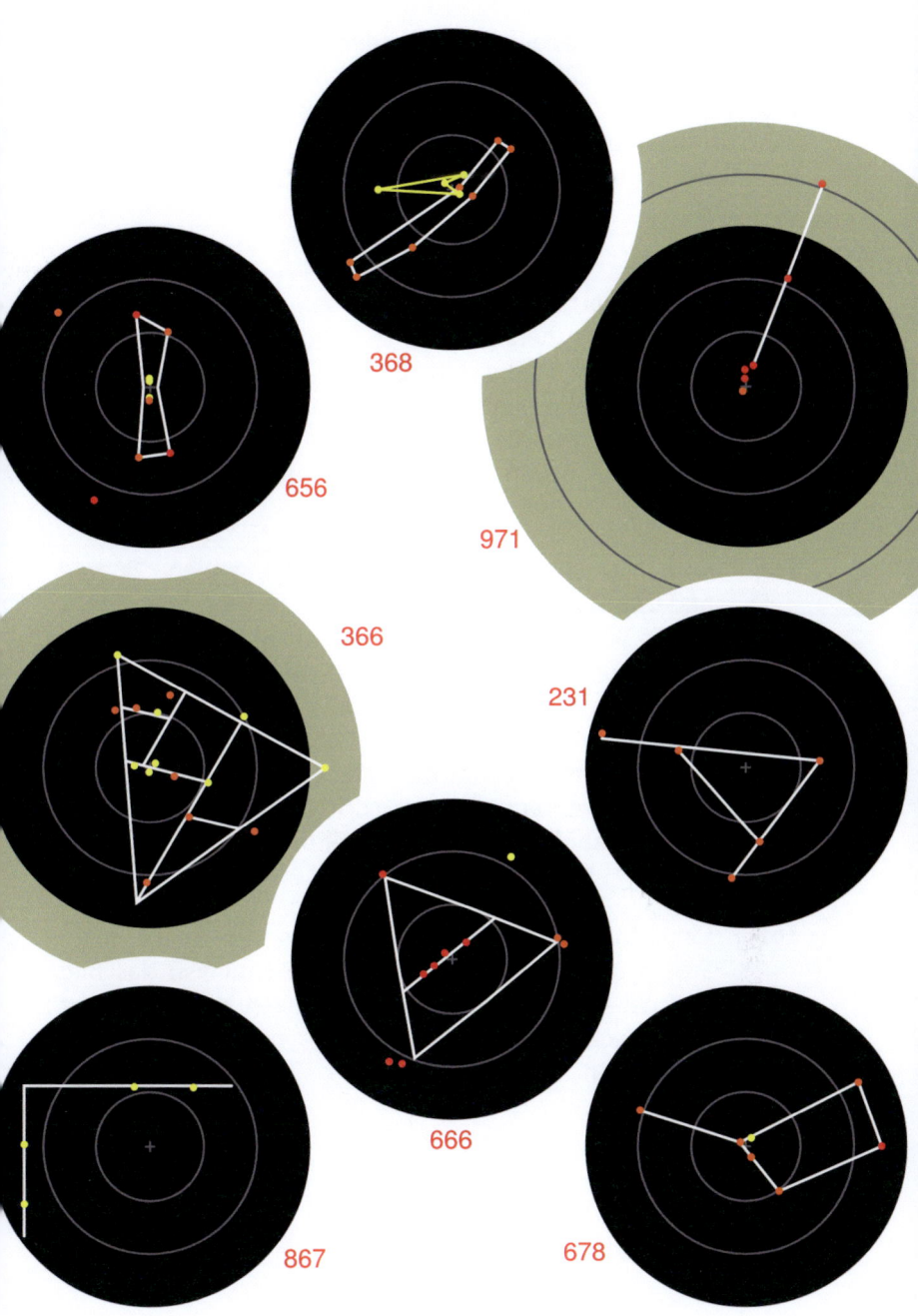

Dies sind die Beschreibungen zu den in die Genesis hinein kodierten Bildern auf den Seiten 90 und 91. Sie können diese oder andere Zahlen im Hitomi-Programm online auf **www.torakosmos.de** eingeben, um die Bilder daraus live berechnen zu lassen. Dort finden Sie dazu auch die genaue Anleitung.

231   Simpel betrachtet als Zirkel identifiziert, aber dann erkannt als heliozentrisches Bild der Jupiter-Saturn Konjunktion in 7 v. Chr. Es sind Jupiter, Saturn, Erde und Sonne im richtigen Winkel zueinander und an der richtigen Position am Himmel dargestellt. Eine Illustration davon finden Sie in Kapitel 5 auf Seite 75.

366   Eine harmonische Figur, welche die goldene Spirale andeutet. Analog zum Schalttag 366 im Jahr, muss dieses Bild, um es zu sehen, um einen Sektor vorwärts geschoben werden. Das geht im Hitomi-Programm durch das Eingabefeld „dialectic". Geben Sie dort 1 ein und klicken Sie auf „calculate". Jeder Punkt kommt damit erst im nächsten Sektor zu liegen. Der Punkt im letzten Sektor des dritten Rings zum Beispiel rutscht dabei auf den Ersten Sektor des vierten Rings.

368   Eine Krone oder ein Diadem, aus der Zacke eines Sterns und aus einem Kopfband. Wenn man das Bild dreimal mal um 90 Grad dreht, fügen sich insgesamt vier Zacken exakt zu einem strahlenden Stern ineinander.

656   Die Hundssterne Prokyon und Sirius, sowie das Sternbild Orion. Wobei aber die mittleren Sterne des Orion verkleinert und auf den Kopf gestellt sind. Benutze die Zoom- und Drehfunktion im Hitomi-Programm um die mittleren Sterne zu sehen.

666   Ein gleichseitiges Dreieck (Schema der Jupiter-Saturn Begegnungen) mit einem Strich durch die Mitte ergibt die Elemente-Symbole. Die Bedeutung des abseits liegenden gelben Punktes wird in Kapitel 2 und 5 angesprochen.

678   Das Sternbild Großer Wagen mit zwei zusätzlichen Punkten, deren Bedeutung noch unklar ist.

867   Ein rechter Winkel oder der Satz des Pythagoras. Die genaue Erklärung finden Sie ab Seite 49.

971   Ein Stab, vielleicht auch ein Zepter. Es wird der doppelte Oktaeteriszyklus und damit die Tora ange-deutet, da sich die Punkte auf der 98. und 99. Speiche befinden. Dieses Bild hat eine Besonderheit: es kommt nicht mit 3 Ringen aus, sondern ragt um 2 weitere Ringe a 511 Verse in den Exodus hinein. Klicken Sie zweimal auf die Zoomfunktion um mehr Ringe darzustellen oder geben Sie 5 in das Feld „rings" ein und klicken Sie auf „calculate". Dieses Bild ist ab Seite 87 erklärt.

א		Alef	A / E	Ochse	1	
ב		Bet	B / V	Haus	2	
ג		Gimel	G	Kamel	3	
ד		Dalet	D	Tür	4	
ה		He	H / E	Fenster	5	
ו		Vav	V / U / O	Nagel	6	
ז		Zajin	Z	Schwert	7	
ח		Chet	Ch	Zaun	8	
ט		Tet	T	Schlange	9	
י		Jod	I / J / Y	offene Hand	10	
כ	ך	Kaf	K / Ch	geschl. Hand	20	500
ל		Lamed	L	Stachelstock	30	
מ	ם	Mem	M	Wasser	40	600
נ	ן	Nun	N	Fisch	50	700
ס		Samech	S	Stütze	60	
ע		Ajin	A / O	Auge	70	
פ	ף	Pe	P / F	Mund	80	800
צ	ץ	Tsadi	Ts	Angelhaken	90	900
ק		Kof	Q	Hinterkopf	100	
ר		Resch	R	Kopf	200	
ש		Schin	Sch	Zahn	300	
ת		Tav	Th	Siegel	400	

A	α			Alfa	1
B	β	ϐ		Beta	2
Γ	γ			Gamma	3
Δ	δ			Delta	4
E	ε	ϵ		Epsilon	5
F	ʃ	И	и	Digamma	6
Z	ζ			Zeta	7
H	η			Eta	8
Θ	θ	ϑ		Theta	9
I	ι			Iota	10
K	κ	ϰ		Kappa	20
Λ	λ			Lambda	30
M	μ			My	40
N	ν			Ny	50
Ξ	ξ			Xi	60
O	o			Omikron	70
Π	π	ϖ		Pi	80
Ϙ	ϙ	ϟ	ϟ	Qoppa	90
P	ρ	ϱ		Rho	100
Σ	σ	ς	C	Sigma	200
T	τ			Tau	300
Y	υ			Ypsilon	400
Φ	φ	ϕ		Phi	500
X	χ			Chi	600
Ψ	ψ			Psi	700
Ω	ω			Omega	800
Ϡ	Ϡ	ͳ	ϡ	Sampi	900

Abbildungsverzeichnis

Inhaltsverzeichnis

Danke

Hier ist aufgeführt, wer mir alles geholfen hat und woher ich welche Inspirationen hatte, die mich letztendlich zu den in diesem Buch erklärten Entdeckungen befähigt haben.

An erster Stelle danke ich ganz herzlich Susan Kristofferson, Donald A. Lokken und Jessica Krüger für Korrekturlesungen, einschließlich kleiner Verbesserungsvorschläge!

Ich danke den Astronomen von **astronomie.de** für die Bereitstellung der Daten der Jupiter-Saturn Begegnungen.

Ich danke bestimmten Forenmitgliedern von **allmystery.de** und **weltverschwoerung.de** für ihr reges Interesse, Tipps und ihre moralische Unterstützung: Lilitu, Bigbear, Keysibuna, Tara, Schrotty, Leichivanhel, Merlina und Gaia.

Ich danke Beat Stöcklin von **elcappuccino.ch** für die Ideen der absoluten Versnummern und der „Abraham-Periode", welche mich auf die Idee von Zyklen in der Tora brachten.

Ich danke Richard Amiel McGough von **biblewheel.com** für die Idee des „Bibel-Rades", welche mich bei der Entdeckung der Hitomi-Methode inspiriert hat.

Dank an Peter Wienerroither von **homepage.univie.ac.at**/~**pw**/ für die freundliche Genehmigung seine Sternenfotografien „Orion" und „Großer Wagen" verwenden zu dürfen.

Der Autor

Andreas G. Szabó wurde 1975 in München geboren, als erster von zwei Söhnen in einer ungarischen Familie. Er kam auf Umwegen zum Schreiben, da er die tiefen Geheimnisse der Tora für die Öffentlichkeit verfügbar machen wollte. Nach 8 Jahren Forschung und stetiger Verfeinerung der Texte auf seiner Homepage beschloss er 2011 schließlich, ein handfestes Buch daraus zu machen. Er erklärt, er wollte etwas finden, dass für ihn so verblüffend wie Stonehenge oder die Pyramiden ist, aber in der Bibel verborgen liegt. Und er hat es gefunden. Er vergleicht es mit der Entdeckung Trojas: Viele vor ihm haben es vermutet, aber keiner hat genau nachsehen können/wollen/dürfen.